醒世思变

（第二版）

苏 老 著

二〇二二年九月于旧金山

目　录

再版前言　　　　　　　　　5

上篇：醒世哲学

——教人如何变聪明

下篇：醒世思变
——用《基因哲学》认识世界

再版前言

一、首版简介

《醒世思变》一书，首版于 2011 年由香港夏菲尔国际出版公司出版。当时的时代背景是毛泽东思想已被彻底抛弃，社会主义已被完全复辟成资本主义和封建主义。贪污腐败横行，两极分化严重，道德败坏至极，孔孟之道盛行。一句话：中国就像从来没有成立共产党领导人民闹革命一样，劳动人民重新回到解放前受剥削和压迫。

此书首版后，作者在发行前就委托出版公司直接由香港给北京的中央常委每人赠寄一本，政治局委员只赠寄薄熙来一人。为什么要这样做？因为作者今生有一种独特的爱好：爱给伟人写信。作者认为：伟人的思想来源于民，匹夫之言只要能让伟人知道就行了。不必计较伟人回信，作者今生给江泽民，胡锦涛，习近平，奥巴马，川普，拜登，联合国秘书长等伟人每人写信至少五封，总计写信超过五十封，除联合国秘书长回信一封，奥巴马总统回信三封以外，其余皆无回信。原因很简单：多数伟人喜欢歌功颂德，而作者信奉"知不足方进取"写信多为批评，不捉作者就不错。但是，作者善于自取其乐：一是伟人的决策偶尔有些靠近自己信中的观点，就自取其乐一番。二是奥巴马总统的三封回信，对作者给予了高度的肯定：例如总统说："亲爱的长，我很欣赏你的良好字句"。又说："亲爱的长，很多人跟我谈论国家的刑事、司法制度、我很欢迎你的意见"。总统还说："像你写的这些信，这是建设美国的精神"。总统如此肯定，怎么不叫我自取其乐？

此书首版有两种评价：拥毛者说：此书好得很。还说作者是"高人"。拥邓者说：此书糟得很。还说作者反动。对此，我想起了基辛格博士的高见：基辛格博士在其《论中国》一书中写道："毛泽东与邓小平都彻底改变了中国，但方向正好相反"。既然毛与邓正好相反，此书的评价，当然也正好相反。

对此书首版遭封杀的怀疑。主要是出版社的态度 180 度的突然改变，引起作者怀疑：出版社先是报喜，此书首版只印一千册，仅香港机场书店就一次进货 200 册，出版社建议作者增印。可是，只隔一个月不到，出版社突然说：此书不好销，机场书店只卖出 86 本，其余退货了。其它书店都不要。还说：书库存要另外交钱，要就迅速运走。作者怀疑中央常委封杀，但没有证据，故决定：叫出版社托运 100 本到美国来，其余书不要了，由出版社自行处理。

二、再版的必要性

首版至今十一年。当今中国最基本的矛盾是：民众正在以毛攻邓，政府正在以邓挡毛。人民群众越来越怀念毛主席，颂扬毛主席，并自发地把毛泽东思想树为民魂、国魂立为中国人的信仰。可政府官员越来越留念邓让他们先富起来的财富，坚持"特色社会主义"，坚持深化改革。

中国的国情有三大特征：

其一《最不可思议的改革开放》首先是日本的换国计划。改开以来，日本在中国的企业多达 16,000 多家，遍布中国各省市。其中上海市最多高达 6126 家。凭这一条，上海的市委书记就是汉奸。难怪上海抗疫惨无人道。日本还在中国 35 座大城市大力兴建封闭式的学校，养老院，会所等。截止 22 年，在华日本人多达 200 万，相当于中国军人的总数。其中有 24 万日本人已经取得中国绿卡，并任职于中国上层社会。其次是中国成为黑人的祖国。改开以来，大量的非洲黑人涌入中国，有的被批准在中国享受免费的高等教育，有的在中国结婚生子安居乐业。其中北京市广州市黑人最多。不可思议的是：这说明批准者在中国当权派中的汉奸国贼何其之多？！其目的：一是谋取政绩向上爬。二是敛财。这些汉奸国贼，根本无视国家安全！

其二，《中国再次到了最危险的时候》由于 40 多年的韬光养晦，特别是 2758 号决议后，中国拖延五十年不收复台湾，更由于中国高叫马克思主义挑战世界强国，使中国彻底失去中美战略伙伴关系，使中国的敌人变成：G 七十北约+

印度，并使中国面临印、台、日、韩的半包围之中。特别是使中国台海地区乃至整个中国即将成为第三次世界大战的爆发地和战区！最可怕的是：政府无视危险，成天高叫"和平经"，忽悠和麻醉民众；一方面高叫我的国如何如何了不得！另一方面，随着把人民币（导弹）大量打入太平洋的军演，让人们沉浸于狂欢之中！包围台湾上 10 天，为何不派解放军登台军管或解放台湾？真怂！

其三，自习上台以来，无视我党的政治规矩，彻底抛弃了毛思想、邓理论、江重要思想、胡科学观。凭自己工农兵大学学的一点马克思主义，自立"习近平新思想"体系，习是中共崇洋媚外的典型。这样使得人民信仰的毛泽东思想竖不起来，该批的邓理论仍是禁区，平反"四人帮"，平反"文革"，平反"六四"更是禁区。习选择性反腐败使腐败越来越严重！

鉴于以上三大国情，《醒世思变》一书的再版就显得非常必要。因为诸类禁区的大是大非问题，此书早在 10 多年之前就有相当明确的论述，随着人民的觉醒，《醒世思变》书中的观点，越来越显得正确。

三、基因哲学的重要性

《醒世思变》一书之所以能讲明那么多正确的观点，主要在于此书始创和使用了人类的《基因哲学》。此书作者是人类基因哲学的创始人。《基因哲学》是：看问题本质之本质的哲学。它是教人如何变聪明的哲学。它是把认识事物的三要素"立场--观点--方法"创新为"方法--观点"两要素的哲学。并把"站稳立场"改为"立场善变"（即换位思考），只是作为 36 种方法之一。"基因哲学"是人类消灭阶级斗争的哲学基础！如果总把"立场"放在首位，动不动就抠立场，则阶级斗争永远消灭不了。要消灭阶级斗争必须从哲理上下功夫。如果毛泽东在世，他至少会早于作者二十年发现基因哲学，因为毛主席把消灭党、消灭阶级斗争、消灭国家列为实现共产主义的三大条件。

四．中国封建王朝的复辟

"特色社会主义"就是复辟的封建王朝。因为他与社会主义道路方向完全相反，又不同于多党轮政的资本主义。中国封建王朝的复辟，邓小平的《代论》起到关键作用。古今中外，最荒唐的理论就是邓的《代论》，最腐败的政治就是"隔代钦定制"。　　　　　　　　早在毛周朱在世的七十年代：邓是一名无职党员正接受批斗，江、胡二人在基层任职，习任大队支书。本来是同一时期的如此普通的四个党员同志，却被邓的《代论》钦定为中共四代领导核心！首先是邓自封为第二代核心，他既没当党首，又没当国家元首，但他却名不正言不顺的钦定"胡赵江胡"四个中共党首。邓还钦定了"李杨江胡"四个中国国家元首！照学：江又隔代钦定习为第五代核心。其中，只有胡不好意思称核心，因为江仍是核心。还有习不好意思称第五代，因为其父是第一代。但是，习必然是钦定制的产物！习的"新时代"是荒唐的：中国没统一、钦定制没消灭，中国何来新时代？像"蒋家王朝"一样，该叫"邓式王朝"，习自立体系也只能叫"习氏王朝"。

特别是：旧中国"蒋宋孔陈"四大家族，还没有一个亿万富翁。而"邓江胡习"四大家族都达标和即将达标成为亿万富翁！邓氏家族的财富，已被苏小康先生在《河殇》中证实。而邓朴方的话又证实了其他家族："中国上万亿资产的不止我邓氏一家，至少有 17 家，上千亿资产的至少有 50 家。多数是勤劳致富的，希望大家不要妒忌，有本事可以自己赚嘛！""万亿"是个什么概念？"万亿"与"亿万"是等量词：即邓氏家族的财富，若在每个人身上剥削一万元，则要剥削一亿中国人！

有篇文章题目是《邓小平的儿女们是怎样先富起来的？》不妨摘要几点：1.邓朴方：利用为残疾人谋福利之名，成立了"康华实业公司"大量倒卖进出口批文，并大量进口和贩卖钢板、家电、石油、煤炭、棉制品等，牟取巨额暴利。2.邓质方：任中信兴业公司董事长。趁邓 92 南巡，邓质方一下接管了上海四方房地产公司和大连立港房地产公司。还将势力范围扩充到香港，同北京首钢老大周冠五之子周北方及香港巨富李加成合伙收购了香港开达集团。邓质方任香港上市公司四方集团董事长。四方集团在上海、北京、天津、广州、深圳、珠海、大连等 10 多个城市囤积大量廉价土地敛财。3.邓婿吴建常：多年把持"中国有色金属进出口总公司"。常年掌握着中国的所有稀有金属的买卖大权。吴建常还在香港拥有多家上市公司，如：金辉公司、东方金源、百利大等。4.邓婿贺平：贺平担任隶属总参谋部的保利科技公司的副董事长兼总经理。此公司的主要业务就是买卖军火。其中，香港富豪霍英东之子因参与保利公司走私军火，被美国法院判刑坐监。作者并非妒忌邓氏家族的亿万财富，但作者仇恨邓小平欠下中国人民的四大命债！这在书中已有详细记载。只是后来才得知：邓小平的父亲邓文明是个恶霸地主，曾任广安县剿共团长，镇压过农民起义，杀害过地下共产党人。所以，邓小平从 16 岁离家，一次也没回老家。但不可思议的是：江胡执政时，搬迁了两个大队的居民兴建"邓小平故里"，劳民伤财。参观的人稀少，还有参观的人看后大骂！如果作者是仇富之人，绝不会拾金不昧：2015 年作者捡到一个贵夫人的手包，里面有小车钥匙、手机、钱包等，钱包里既有美金又有银行卡和驾照。作者按驾照地址，邀好友做伴，三次找上贵妇人的别墅才见到失主，将手包归还，并拒绝酬谢。

五．用基因哲学看某些重大问题的基本观点

用基因哲学看中国统一的基本观点》1.台湾问题的本质：是中国的新旧国家政权问题。因为旧政权不完全消灭，新政权就不完全合法。所以中国唯一合法政府仍不完全合法。又因为政权范围小于主权范围叫领土不完整。所以中国仍是一个领土不完整的国家。2.台湾问题的现状： 1949 年至今台湾的现状叫"匪统"。或者叫"事实独立"。3.邓的"一国两制"是分裂国家的谬论。4.中国统一的政治基础：是 2758 号决议，而不是"九二共识"。"九二共识"是江贪功，把两个民间组织争吵各表的东西吹作而成。5.决不可把台湾问题国际化。即中国统一被拖延，只能怪邓江胡习四大核心，绝不可怪任何外国人。6.中国统一只能继续解放战争而实现。和平统一七十年的历史证明是痴人说梦。7.解放台湾完成中国统一，是"做好自己的事"中的第一件事。8.如果第三次世界大战在台海爆发，邓江胡习是罪魁祸首。因为是此四大核心拖延收复台湾造成。

《用基础哲学看中国治国指导思想的基本观点》:既不要崇洋媚外，又不要各搞各的主义。马克思主义的核心是"暴力革命"和"阶级斗争"早已过时，并遭到世界各国特别是强国的反感，中国要想与世界各国友好相处，就要少提马克思主义，这也是为了避嫌。再就是中国的每个核心人物都各自搞一套主义，并且写入党章和宪法。这样不好：主义多了等于没有主义，没有主义也就没有信仰。中国只需不断发扬光大毛泽东思想就够了。反之，中国若抛弃了毛泽东思想将有亡国之灾！这是近三百年的历史证明了的：清朝时代甲午战争，大中国败给小日本；民国历时 38 年，小日本侵略中国就长达 14 年，特别是有 200 多万中国伪军帮助小日本杀害中国人。只有毛泽东时代对内打垮了八百万军队的蒋介石。对外战胜了美帝、苏修、印度。

《用基因哲学论定文革的基本观点》1.文革历时只有三年，而不是十年。2.文化革命优胜于暴力革命，即口诛笔伐优胜于枪炮打杀。3.文革是中国人民的伟大创举：是毛泽东发动的，真共产党领导的，数亿人民参加的，重点整党内走资派的运动。否定文革就是否定毛泽东，就是否定共产党，就是否定数亿人民。4.文革的功过应七三开。邓说："文革必须全否，半点也不能肯定"。这纯属谬论！当今中国出现的问题，绝大多数正是全否文革造成。

《用基因哲学认识伟人的基本观点》：真正的伟人能让世人自感无知，水货伟人却让世人觉得伟人无知。例如，毛泽东就是真正的伟人： 1972 年毛泽东会见尼克松总统时给尼克松总统讲了一个多小时的哲学。尼克松总统自感像个无知的学生。临别时毛主席赠送尼克松总统一副字："老叟坐凳 嫦娥奔月跑马观花"。至今网上盛传：仍无人能解。有个教授解释是："老叟坐凳指美国衰败，嫦娥奔月指中国航天发达，跑马观花指中国江山锦绣。"作者用基因哲学的"立场善变法"的解释是：老叟坐凳与嫦娥奔月，主席是指自己：虽年岁已高行动不便，但是思想活跃仍象嫦娥奔月一样能洞察宇宙。跑马观花是指尼克松总统：虽能坐着空军一号飞遍全球，但认识世界只是跑马观花。朋友，无论你同意何种解释，都是伟人令世人自感无知。

《无知伟人》1.军区与战区。军区是管理军人划分的区域；战区是战争状态的区域。中国历任军委主席都用军区之称。可某伟人硬是把中国的东西南北中都变成战区！2.理想与梦想。理想是对未来的理性设想；梦想是随心所欲的想法；做人要有理想少作梦想。可某伟人叫中国人只讲梦想，不讲理想。3.绿水青山与金山银山。绿水青山是对河山锦绣的形容；金山银山是对贪财之人的形容。只求绿水青山，莫求金山银山，世界上也不存在金山银山。绿水青山胜过金山银山。可某伟人说："绿水青山就是金山银山"。4.挽起袖子干。挽起袖子通常是打架前的准备动作。不是打架也太庸俗。还是毛主席提的"总路线"高明。5.以人民为中心。中心一定要有具体内容：过去提"以阶级斗争为中心"，及"以经济建设为中心"，都有具体内容，至少在语法上没有错。"以人民为中心"：到底是"剥削人民"，还是"为人民服务"？词无法表达具体内容，至少是短语。另外，"人民"太广义，不适合作中心。例如"以宇宙为中心"更不适合。可提"以为人民服务为中心"，或者"以实现四化为中心"。6.人民与江山。江山再美也是死东西。封建时代江山是政权的代名词，皇上是江山的主人，常讲"打江山坐江山"，失去江山就是失去政权。社会主义时代江山就是河山，人民是江山的主人。毛主席说：江山如此多娇，就是祖国的河山如此多娇。共产党革命不是为了永坐江山，而是为了"消灭党还权于民，实现共产主义"。这才是共产党革命的初心和使命！（见"论人民民主专政"）是人民养活了共产党，决不是共产党养活了人民。所以毛主席说："共产党要全心全意为人民服务"和"人民万岁"。可某伟人说："人民就是江山，江山就是人民"。所以老常委们说："此伟人是想当皇上"！因为只有皇上视人民为江山，共产党视人民为衣食父母。伟人无知的内因在于读书少，他其实只读十年书：小学六年、初中读一年搞文革、加三年工农兵大学。其外因在于党风不正：周围高官拍马屁的多，知青老哥写信根本不理。

　　读者朋友们:人的认识水平总是不断提高，此书再版理应多加改写。但考虑到原汁原味更好，故尽量保留首版原文。落伍过时及错误之处，敬请原谅！作者是一个匹夫，虽然"天下兴亡匹夫有责"，但匹夫之言必然有限。所以，欢迎读者多作讨论和批评！但不欢迎抠立场扣帽子。

谢谢大家！

作者：苏老

2022 年秋写于加州

《醒世思变》※

代序

问"求是"①

"求是求是"我问你：　　　　　　　　　　　　　"求是求是"
你记住：
为何存粮不开仓，　　　　　　　　　　　　　　　　自古
真理是标准，
饿死农人四千万？②　　　　　　　　　　　　　一国不可
搞两制。

"求是求是"我问你：　　　　　　　　　　　　　"求是求是"
你记住：
为何镇压民间党，　　　　　　　　　　　　　　　少数人
富不可取，
杀了多少党主席？③　　　　　　　　　　　　　共同富裕
要坚持。

"求是求是"我问你：　　　　　　　　　　　　　"求是求是"
你记住：
为何宪法你不学，　　　　　　　　　　　　　　　垂帘听
政真腐朽，

跑到中央去捕人？④　　　　　隔代钦定最
落后。

"求是求是"我问你：　　　　　"求是求是"
你记住：
为何对话你不取，
可搞搁置，　　　　　　　　　主权不
私调部队开杀枪？⑤　　　　　寸土必争不
让步。

"求是求是"我问你：　　　　　敢冒天下大
不韪：
为何反遍党领袖，　　　　　　只缘醒
世求思变，
一人"求是""摸石头"⑥　　愿教阿斗变诸葛。⑦

—苏老

《代序诗》注释：

　　①"求是"：这是人们送给邓小平的绰号。邓小平为了全盘否定真理，进而颠倒是非，把"真理是检验实践的标准"颠倒为"实践是检验真理的唯一标准"。更可笑的是，他把毛泽东亲手题字，共产党的最高理论刊物《红旗》杂志提名篡改为《求是》杂志。邓小平"砍旗"的目的，是为了推销自己"摸着石头过河"的"盲目论"。为此人们特送给邓小平一个绰号叫"邓求是"。

②"一问邓求是"：指 1959 年冬天，邓小平任书记处总书记（中央一线领导负责人，中央大管家）时，有意存粮不开仓，全国饿死农民四千万。

③"二问邓求是"：指 1960 年—1965 年六年间，由于中国饿死几千万人，民间必然产生反抗情绪，成立了许多秘密的捕风捉影的"政党"。邓小平指挥公安部长罗瑞卿举国上下到处镇压所谓"反动组织"，杀了无数的党主席。

④"三问邓求是"：指邓小平血腥镇压文化大革命。所谓中央的"一举粉碎四人帮"，其实是一场违反宪法的惊心动魄的政变事件。全国上下镇压所谓"三种人"，所伤害的干部和群众远远多于文革期间错误批斗的人。

⑤"四问邓求是"：指 1989 年邓小平调动几十万野战部队，镇压天安门广场静坐绝食的学生。这些学生虽有口号"打到邓小平""反对垂帘听政"，但仍然只是理性的要求"与政府对话"。

⑥"反遍党领袖"：指邓小平对共产党经过党的全国代表大会选举产生的历届党的最高领袖都反遍，一个不漏。依次为毛泽东→华国锋→胡耀邦→赵紫阳→江泽民。反对的原因可用"泄私愤"概括，见下表：

最高领袖	邓反对的真实原因	借口
毛泽东	毛发动的文革打倒了邓小平	毛犯三大错：反右，大跃进和文化大革命。其实邓是反右和大跃进"前线总指挥"

华国锋	拖延了邓小平的复出	华搞"两个凡是"
胡耀邦	胡要八十二龄的邓小平退休	胡支持资产阶级自由化
赵紫阳	赵反感邓小平垂帘听政	赵支持动乱分裂党
江泽民	不太听话,问"姓资还是姓社"?	"不愿改革就下台"

⑦"阿斗变诸葛":"阿斗"原指刘备之子,曾任蜀国的国王长达三十余年,是中国历史上在位十个时间最长的国王之一。但由于他干了许多蠢事,人们常把愚蠢之人,痴迷之人比喻"阿斗"。"诸葛"原指诸葛亮孔明,因此人聪明,人们常把聪明的人比作诸葛。本书的目的就是愿教蠢人变聪明。

※《醒世思变》书名是由苏东坡教子所得到的启示:当其子任县令时,苏东坡送子一块砚,并叮嘱道:"认识事物,要深彻,决不可人云亦云,以便时常有惊醒之感"。《醒世思变》其实就是笔者认识事物的一本《惊醒集》。

上篇：醒世哲学

—教人如何变聪明

第一章：真理是检验实践的标准

全世界都知道中国开展"实践是检验真理的唯一标准"大讨论这回事。非常遗憾，笔者今天要借此指出，这是一种颠倒是非的谬论。正确的观点是：真理是检验实践的标准。我们这里没用"唯一"，因为任何事物唯一而论都是错误的。

第一节：邓小平谬论产生的由来

邓小平理论的发迹始于《实践是检验真理的唯一标准》。此谬论的来源，是1978年邓小平授意时任中央党校第二副校长的胡耀邦（校长是华国锋，第一副校长是汪东兴），由胡耀邦授意孙长江和吴江两人合写此篇文章。5月10日先由党校内部刊物《理论动态》发表，次日5月11日《光明日报》公开见报，再次日5月12日《人民日报》《解放军报》同时全文转载。这一切都是邓小平的安排。马上引起理论界抨击，例如原人民日报总编吴冷西当天晚上就打电话给时任总编胡绩伟，批评道："这篇文章是方向性错误，政治上很坏很坏！其意图是全盘否定毛泽东思想，目的是砍旗。"《红旗》杂志总编熊复也指出："毛泽东思想只能维护"。邓小平见势不妙，于6月2日召开全国军队政治工作会议，狠批"两个凡是"，大树"实践是检验真理的唯一标准"。于是各省委书记在"枪指挥党"的压力下纷纷写文章表态，支持此文章。这就是所谓"大讨论"的内幕。其实这东西本身就不是哲学研究的学术成果，而纯是政治斗争的工具。是邓小平要全盘否定毛泽东思想，全盘否定文化革命，为死党刘少奇翻案而炮制的工具。胡耀邦因帮邓小平炮制有功，所以随后被破格指定为总书记，《红旗》杂志因唱了反调，所以随后被砍，换成《求是》。在邓小平眼中，人类以前根本没有是的东西，是从十一届三中全会以后他"摸着石头过河"才"求是"的。下面是当时"大讨论"中央的领导人谈"实践与真理"的讲话摘要：

一、右派观点：

1、邓小平（副主席、政协主席、军委副主席）："这个命题本来是马克思主义最基本的常识，现在好了，弄出是非来了"。"这次对待实践是检验真理唯一标准的讨论，就充分的暴露了我们的一些同志，包括一些高级领导同志的水平，是何等低劣，何等的渺小，简直连马克思的 ABC 都没有，你们说可怜不可怜。"（摘自邓小平 1978 年 6 月 2 日在全军政治工作会议上的再次讲话）

2、叶剑英（副主席、人大委员长）："我完全同意小平同志的意见，实践是检验真理的唯一标准这是马克思主义的基本原则。汪主任呀，你的那些话，我怎么越听越觉得像"四人帮"的帮腔帮调，怎么总是要对准我们这些老家伙呢？"

3、李先念（副主席、副总理）："我完全拥护小平同志的意见和叶帅的观点，对实践是检验真理的唯一标准这个命题，没有任何的问题和错误，它是马克思主义最基本的原则"。

4、胡耀邦（中央委员、党校第二副校长）："文章在发表前经过许多人的修改和讨论，但是没有和一些中央领导人进行过研究。那些老同志都是在文章发表以后，觉得文章的观点很有强烈的现实意义，所以才给予了坚决的支持。""马克思主义的经典作家们早就讲过：理论和实践相比，在任何情况下实践都应该是第一位。"

5、罗瑞卿（中央委员军委秘书长）："我审定《解放军报》6 月 24 日发表的文章《马克思主义的一个最基本原则》，正是为了拨乱反正"。

二、骑墙派观点：

华国锋（党主席、总理、军委主席）："就是到目前为止，我还是不想就这篇文章公开谈我的看法。本来我是坚决反对的，但是我要讲究方法。许多的场合，你们可以讲，你们讲的越多越有利于我表态。"

三、左派观点：

1、汪东兴（副主席、中办主任）："这篇文章完全是要否定毛泽东思想的指导和作为检验一切是非的标准。如果这个头一开，毛泽东思想就基本上被他们丢掉了。"

2、吴德（政治局委员、北京市委书记）："现在这些奇谈怪论公然在我们党报上公开出现了，再下一步就是要上到我们这里的会上了。到人家解决我们的问题时，我们这些人就是后悔也来不及了。"

3、纪登奎（政治局委员副总理）："他们到底要干什么？真理的标准都不是以马克思主义来鉴定了，那么他们想怎么样就要怎么样了，革命到了这个时候，我们才首次听到这样的奇谈怪论，今后还怎么前进？这个小平呀，刚刚站出来就又要闹翻案，我们难道离了他地球就不转了吗？"

4、苏振华（政治局委员、海军司令）："我们海军部队是坚决服从华主席的指挥的，只要华主席一声令下，就是赴汤蹈火，我们也要往上冲，对于否定毛泽东思想的现象，我们就是要坚决斗争，而不管他是来自什么地方，什么样的大人物。就是邓小平讲的也是错误的。"

5、陈永贵（政治局委员、副总理）："这就是要让全国人民都糊涂起来，好让他们复辟。把全国人民搞糊涂了可是大事。"

6、张平化（中央委员、中宣部长）："反正我现在的压力很大。经常有莫名其妙的电话打给我，要我注意一点自己的下场。他们说真理标准的讨论是具有 "拨乱反正" 划时代意义的思想解放运动。"

——以上是对于《实践是检验真理的唯一标准》这篇文章，当年那些大人物讲话的摘录。总之，右派认为"这是马克思主义的最基本原则"；左派认为"这是奇谈怪论"。如果真是"马克思主义的最基本原则"，中国用马克思主义指导革命搞了几十年了，为什么直到现在才把"最基本的原则"第一次提出来讨论呢？这不是奇
谈怪论是什么？所以，真正值得可怜的正是邓小平，而不是邓小平
所耻笑的人。

第二节：论实践与真理的关系

一、　　　我们首先要弄清什么叫实践？什么叫真理？
　　所谓实践，其字典解释为："人们改造自然和改造社会的有意识的活动"。苏老通俗理解为：实践就是做事。
　所谓真理，其字典解释为："正确反映客观世界发展的思想"。苏老理解为：这个字典一定是毛泽东时代编制的，如果当今很可能最后的两个字"思想"会改革成"理论"或"重要思想"。苏老认为：由实践中总结出来的，被实践证明过是正确的，且用以指导实践的知识、原理和理论则叫真理。
　二、真理知多少？我们只能用形容的方式回答：真理多似海洋。我们既不能忽视真理，也不能过于神秘真理。无穷无尽的自然科学知识和社会科学知识都属于真理的范畴。正因为真理多似海洋，所以每一个人只能在真理的海洋里寻求和探索，各取所需，各取所用，取之不尽，用之不完。正因为真理多似海洋，所以每一个人在真理的海洋里都显得非常渺小，非常无知。正因为真理多似海洋，所以一个人只要能在真理的海洋里再添加一碗水就算有所作为。一个人只要能对某一个学科、某一个问题、某一个方面有所研究，有所发现就很不错了。任何伟人也不例外，他们也只能如此而已。
　　三、真理何时有？真理可以说几千年就开始有了，自从有了人类社会，就开始有真理。真理是在不断的发展壮

大，不断的吐故纳新。绝非有了马克思主义才开始有真理；更不是有了邓小平理论才开始有真理。无论是什么"主义"、"思想"、"理论"、"重要思想"，在这些东西中只有一部分是真理，还有程度不同的是谬论。我们绝不能因为发现这些东西中有谬论，而颠倒实践与真理的关系。那样是对人类的犯罪。

四、实践与真理的关系到底是什么？

实践是产生真理的摇篮，真理是指导实践的指南。

实践是真理的地下基础，真理是实践的上层建筑。

实践是产生和维修真理的工厂，真理是实践工厂的厂长。

实践是手段是工具，真理是标准是尺寸。

——这就是实践与真理的基本关系。且关系的双方相辅相成，缺一不可。绝不能断章取义，顾此失彼。

五、"真理"与"理论"是有本质区别的。

理论有正确的，也有错误的；而真理不存在"错误真理"之说。绝不能因为你找错真理用错地方就说其是"错误真理"。

没有经过实践反复检验的理论绝不能算真理。特别是一些"摸着石头过河"搞出来的理论，更不能算真理。检验理论要以实践为手段，要以真理为标准，反复检验认真检验。正确的理论才叫真理，错误的理论则叫谬论。

只有理论需要检验，真理不需要检验。因为所有真理都是前人或别人检验过的。如果真理也需要检验，那么真理多似海洋，检验真理的人则一事无成。

检验理论并非一定得重新实践，因为有些理论实践一次就得花相当高的代价。最简单的检验方法是：拿来与真理加以对照，完全相符合或基本相符合的理论就是真理，不相符合甚至根本矛盾的理论则是谬论。

六、"真理是检验实践的标准"——这是千真万确的。即做任何事情，如果符合真理的要求，则此事就做得对；

如果不符合真理的要求，则此事就做错了。以真理为标准检验实践的过程就叫真理指导实践。

"实践是检验真理的唯一标准"——这是一颠倒是非的谬论。因为以实践作标准，等于没有标准。只要是真理，我们绝不能因若干次的实践失败，而否定真理。不是真理的东西，我们也绝不能因某一实践的成功，而将其列为真理。

七、真理是允许怀疑的。真理不需要检验，但需要怀疑。怀疑就是认识真理，学习真理和掌握真理。对真理怀疑的越多，知道的真理就越多。对真理怀疑的越深刻，掌握的真理就越透彻。

八、真理有相对真理与绝对真理之分。相对真理指相对而言，或者从某一种意义上讲它是真理，这就要求我们对于相对真理的运用时要注意用得适当，不能用错地方。而绝对真理就是指在任何情况下都正确的真理。

第二章：醒世哲学

第一节：《基因哲学》的定义及其说明

哲学：是人类对世界的总认识，是关于人的世界观的学问。

醒世哲学：由于哲学的历史久远流长，长达几千年，哲学的内容又非常丰富。

正因为如此，所以有些哲学是正确的，也有些哲学是错误的。我们把正确的哲学叫做醒世哲学。一个人只有掌握了醒世哲学，才能聪明起来，才能正确认识事物。反之，我们把错误的哲学叫做浑世哲学。当一个人被错误哲学所迷，就会变得痴迷，看问题就浑世不清。

什么叫《基因哲学》？《基因哲学》是我们把现代的醒世哲学命名为之。《基因哲学》是看问题本质之本质哲学方法的代名词。

《基因哲学》的基本观点认为：人的正确认识与立场根本无关，只与方法有关。所以《基因哲学》主张："方法决定认识"；反对："立场决定认识"。

为什么要将现代醒世哲学命名为《基因哲学》？因为"现代"是个不确定的名词，什么时代在当时都称为"现代"。而"基因"是二十一世纪伊始人体研究的新发现。基因时代能准确区别于细胞时代。本来哲学中的基因是指"事物的基本因素和基本理因"，而这正是正确认识事物的关键。所以，不妨把与人体基因学同时产生的，人看问题本质之本质的，现代醒世哲学命名为《基因哲学》。

关于《基因哲学》的说明：

一、基因哲学的产生。当旧哲学发展到二十一世纪时，与人类
的自然科学和社会科学的发展严重不相适应，故由原有哲学升华和提高而产生《基因哲学》。

二、基因哲学的重点。基因哲学研究的重点是人产生正确认识所用的方法，而不是结论和观点。在原有世界观的三要素：立场、观点、方法三者中，基因哲学重视的是方法。

三、《基因哲学》的任务和目的。基因哲学的任务是要努力把"神文化"和"党文化"转变成"人文化"。目的是把"神"人性化，把"党"人性化。而绝不是过去的旧哲学把人"神化"和把人"党化"。

四、《基因哲学》反对宗教视"神仙至上，人都是有罪的"观点，认为宗教尽管也教人学善，但其理源"人都是有罪的"是错误的。人的修炼不是为了洗涤罪迹，而是为了发扬光大人的神圣精神。人的"有罪"论与"洗涤罪迹"论，说轻点是对人的消极教育，说重点是对人类的侮辱和对人权的践踏。由于宗教存在理源的错误，所以宗教的各种教派借以各种各样不同的神为借口，相互残杀，甚至造成不少种族灭绝。

《基因哲学》视每个人（含死去的人，不含未出生的人）都是一个哲学研究生。无论伟人还是庸人都有各自的人生哲学，人生一世就是一场哲学的研究。所以人与人之间要相互尊重。

《基因哲学》认为：人是宇宙最神圣的主人，宇宙是人的家，神是人定义出来的。具体到每一个人，都有其神圣的一面。即使犯罪的人也有其神圣的一面，至少做过一些神圣的事，例如：罪犯曾养育过儿女，或孝顺过父母，或从事过有益于社会的工作等。即使一个被判死刑的人，也有神圣的一面。只有这样认识，才有人权的保证。

五、《基因哲学》也反对"党文化"。党文化视人为"党的儿女"，"党的驯服工具"，"党叫干啥就干啥"，"党领导一切"……所有这些都是与人类文化背道而驰的东西。

六、《基因哲学》视宇宙的本性只为一个字"变"。从量变到质变，从质变到量变。有波浪式的，循环式的，缓慢式的，剧烈式的，有规可循的，无规可循的等各种各样变的方式。人的认识就是要适应外界的变化。

七、基因哲学与政治的关系。哲学不是政治。过去人们一直把政治与哲学混为一团，考试科目政治与哲学混在一起不加区分，这是错误的。政治是对社会进行治理和管制；哲学是对社会现象进行认识和解释。政治带有压迫性，强迫性，哲学不带压迫性，凭自信。政治是由政府操作，哲学是由民间操作。

八、基因哲学的基本思维。基因哲学的基本思维是：鼓励后人超前人。因为前人自然科学落后，哲学科学更落后，前人根本无法享用后人的发明，而后人可以尽享前人的发明，所以前人落后是应该的。后人超前人反而是后人对前人的尊重。后人超前人是社会发展的动力。

九、《基因哲学》总结出认识问题常用的三十六种方法，供选用参考。其中"比较再生法""怀疑一切法""立场善变法"最为突出。

第二节：《基因哲学》的基本观点

原有的旧哲学认为：认识问题有三要素——立场、观点、方法。而且总爱把立场摆在第一位，把方法摆在第三位。并且总是强调"站稳立场"。

毛泽东讲到："什么人站在革命人民方面，他就是革命派，什么人站在帝国主义、封建主义、官僚资本主义方面，他就是反革命派"。

毛泽东还讲到："我们是站在无产阶级和人民大众的立场。对于共产党员来说，也就是要站在党的立场，站在党性和党的政策的立场。"

毛泽东的这些哲学观点总算使笔者弄明白了两个问题：一个问题是，为什么那么多大地主大资本家出身的人都被说成无产阶级革命家？例如马克思本人就是大富豪之家出身的人；又例如中共"八大"时的七个常委：毛泽东家是富农；刘少奇、朱德、林彪、邓小平四人家里都是地主；周恩来家更是祖祖辈辈都在朝廷做官；陈云家是商人。现在这些人除林彪外都说成"无产阶级革命家"。反而不少真正的穷人又被说成有严重资产阶级思想的人。这到底是怎么一回事呢？原来是"立场决定认识"的哲学所害。难道无产阶级就没有错误的认识？难道帝、封、官僚们就没有正确的认识？

第二个问题是：为什么许多十分明显的错误，反而有那么多人支持呢？例如：近几年台湾一直在审判陈水扁的贪污案，陈水扁明明贪污多少亿，并且还转移到海外儿子的帐号上。可台湾为什么还有那么多人硬说"阿扁无罪"？原来这些人是要站在民进党的立场决定认识。

《基因哲学》的基本观点是：人的正确认识与立场根本无关，只与方法有关。

即人的认识必须摆脱立场的束缚，不但不能"站稳立场"，反而要"立场善变"。只有用正确的看问题方法，才能得出正确的观点。

《基因哲学》主张："方法决定认识"；反对"立场决定认识"。

《基因哲学》认为：既然人的正确认识与立场根本无关，所以干脆把看问题的基本要素精减成两要素：方法→观点。而且把方法由第三位调位成第一。把"立场善变"只看作是方法之一。这种调整看问题的要素关系，可以总结为："方法第一，立场靠边"。

或者说："只讲方法的优与劣，观点的是与非；不管立场的敌与我"。因为敌人也有正确的认识，自己也有错误的认识。

也就是说：根据基因哲学的基本观点所决定，基因哲学看问题"无视立场"。什么叫"无视立场"？即对于某一观点无论它是出于总统，还是老百姓；无论是出于大人物，还是小人物……基因哲学一律无视，只讲观点的是与非。《基因哲学》决不因一个错误观点是出于总统或大人物之手而加以肯定；也决不因一个正确观点是出于老百姓或小人物之手而加以否定。——这是"立场决定认识"的人永远做不到的。

下面对于基因哲学的基本观点举例解释如下：

例如，让我们认识："六四"运动到底镇压得对，还是镇压得错？这二者必有一种是正确的，另一种是错误的认识。如果站在统治阶级立场上，也有人说镇压的对，也有人说镇压的错。如果站在人民的立场上，也有人说镇压的对，也有人说镇压的错。特别对于同一个人，无论他是什么阶级立场上的人，也许他昨天认为镇压的对，今天会说镇压的错；或者也许他昨天认为镇压的错，今天会说镇压的对。工人、农民、知识分子、无产阶级、资产阶级……无论什么立场上的人都会有人得出正确认识，也都会有人得出错误的认识。所以，人的认识正确与否与立场根本无关，只与看问题的方法有关。特别是对于同一个人，不同的时间，会有不同的认识。这更能证明正确认识与否与立场无关。

第三节：论"立场"与"观点"的区别

我们首先得纠正一下"立场"的概念：

什么叫立场？新华字典的定义是：立场是指认识和处理问题时，所处的地位和所抱的态度。

《基因哲学》认为：难怪有人总把立场与观点相混淆，原来是源于概念有混淆。"所抱态度"属于观点的范畴，必须从立场概念中清除。

《基因哲学》给立场的定义是：立场是认识和处理问题的对象所处的客观地位，这个地位又是其各种基本客观因素的一个组合。

基本客观因素包括认识和处理问题对象的性别、年龄、出身、学历、职业、职务、经济状况、家庭、住所、单位、阶级、种族、党派、国籍……等。这里的"对象"既可以是个人，也可以是人的群体。每种客观因素最少有两种可能情况，如性别。最多则有千千万万的可能性，例如：住所、家庭等。从这些不同因素中各取一种情况的一个组合才叫这个对象的立场。

下面是立场与观点的本质区别：

一、立场是客观的。即立场的形成、存在、变化都是客观性的。观点是主观的。即观点的产生、存在、变化都是主观的。——这是二者的最本质的区别。

二、不同的人则一定是不同的立场，但不同的人可能有相同的观点。也就是说，世界上没有立场相同的两个对象，但可以有无数的对象在某些问题上具有相同的观点。观点是针对具体问题的。具体到世界上任何一件事物而言，认识观点不同的可能性非常有限。例如：对"六四"的认识观点最多再增加"既不对也不错"及"不了解"，也只共四种可能性。所以不同的人会有相同的观点。

三、观点可以由他人代表，立场不可能由他人代表。

例如：当今有些出版物上表明："此书不代表本社之立场"，这就是典型的把立场与观点混为一团。只能声明"此书不代表本社之观点"。因为"本社之立场"是不可能由他人代表的。

四、立场有大小之分，无对错之分；观点有对错之分，无大小之分。

立场有范围大小和职份大小等区别，如个人立场、家庭立场、单位立场、政党立场、民族立场、国家立场等；又如老子比儿子大，省长比县长大，老师比学生大等。但立场无对错之分，因此攻击他人的立场是错误的。旧哲学定无产阶级立场为正确立场，定资产阶级立场为错误立场，动不动就是抠立场，这是典型没弄清立场之属性所犯的哲学错误。观点有对错无大小，任何观点无"大观点""小观点"之分。

五、立场每个人只有一个，而观点每个人都有许多。

每个人的立场即使发生了客观变化但仍然只有一个。例如：奥巴马当了美国总统，但仍然只有一个奥巴马立场。因为每人只有一个立场，所以攻击他人的立场是缺德的，属于攻击别人的人权性质。

六、每个人的立场人死后自然消失，而其观点可以永存。

——正因为立场与观点具有以上六大区别，所以"不可反对他人立场，只可反对他人观点。"反对他人立场属于人身攻击性质，反对他人观点属讨论问题性质。

第四节："立场决定认识"的危害

"立场决定认识"其危害非常大。下面谈几点主要危害：

一、"立场决定认识"使人的认识产生错误。

这是最长久的危害。前面已举例证实，不妨再举一例加以说明：例如，对《反分裂国家法》的认识。可以说绝大多数国人无论说好，还是说坏，都是由"立场决定认识"得出来的，而不是由"方法决定认识"得出来的观点。因为他们根本不研究此法的内容，甚至大部分人是在此法没有出台之前，就已经得出好（坏）的认识观点。这样由"立场决定认识"怎么能保证使人的认识不产生错误呢？

可以说，人的绝大部分错误认识都是由于"立场决定认识"所产生的。为什么近代自然科学发展日新月异，而社会科学停滞不前，甚至倒退。人类社会越来越糊涂，几乎成了神与鬼的社会？原因就在于科学家对自然科学的认识摆脱了立场的束缚。"科学不分国籍"就是不讲立场。所以科学家们能产生正确的认识。然而那些大政治家、大社会活动家，由于未能摆脱"立场决定认识"的束缚，一个个站在本党的立场，本集团的立场，乃至本国的立场，结果得出多么荒唐的错误观点。

二、"立场决定认识"使人类相互敌对。

在人类历史上所出现的各宗教教派之间的相互残杀，各政党之间的争斗和战争，各国之间的战争，直至两次世界大战，究其根源都是"立场决定认识"所害。因为"没有人与人的结盟，国与国的结盟就不可能有人间的相互残杀和战争。"而这些结盟正式典型的"立场决定认识"。"立场决定认识"是人间族群撕裂的根源。

三、"立场决定认识"使人类越来越愚昧。

为什么在人类的自然科学越来越发达的今天，而人类的信神、信鬼，宗教迷信却越来越严重呢？正是"立场决定认识"所害。因为强大的美国领导着世界，美国是把信神作为立国之本， 在"立场决定认识"的世界里，各国便被动的和主动的"站在美国一边"，"紧跟美国"信仰上帝。假若当年的另一超级大国苏联不解体，这个世界是苏联领导，敢说情况肯定不一样。马克思主义纵有千错万错，但辩证唯物论没有错。其实美国的强大主要靠美国人民忘我的劳动以及世界人民对美国的支援。美国吸收了世界各国高科技人才并使用了全世界 40%的能源，这就是世界对美国的支援。根本与上帝的儿子耶稣无关。

四、"立场决定认识"使人悲观厌世或者不学无术。

在"立场决定认识"的时代，动不动就是抠立场。大批出身于地主、富农、资本家的子女被认定为阶级立场有问题，使他们悲观厌世；而又有一大批出身于工人阶级、贫下中农的子女被认定为红色后代，使他们产生了自然红的思想，从而不学无术。

总之，"立场决定认识"从长久讲，它使人的认识产生错误；从现实讲，它威胁到人类的生存和发展，是人类相互敌对和愚昧无知的祸根。如果人类真能由"立场决定认识"过度到"由方法决定认识"，那将是人类认识史上的一次飞跃。

第三章：《基因哲学》的方法论

第一节：三十六法比为上

古人讲："三十六计走为上"，那是研究如何用计的。"计"与"法"是有区别的，"用计"说穿了就是"耍阴谋"。我们这里是研究哲学，哲学不讲"用计"，只讲方法。那么，认识问题和处理问题的主要方法究竟有哪些呢？基因哲学把它归纳为：三十六法比为上。

1.比较再生法：比较法是认识和处理事物最基本的方法。"没有比较就没有鉴别"，"不怕不识货，就怕货比货"。基因哲学所主张的比较，不是简单取舍性比较，而是创新再生性比较。这才是最高明的方法。

2.怀疑一切法：就是全面认识问题，深刻认识问题。"对任何事物都要问一个为什么"。

3.立场善变法：就是设身处地的认识问题。

4.科学辩证法：就是"唯物辩证法"的升华。因为任何事物"唯一"而论都是不科学的，"唯物"往往只注重事物的表面，而看不到事物的本质之本质。

5.一分为二法：就是对任何一个事物都要看到其对立统一的两个方面。

6.结合法：这里主要指把实践与理论相结合，即客观实际与书本知识相结合。既不"纸上谈兵"，又不"埋头蛮干"。

7.分析法：即追根求源的认识方法。分析要全面，逻辑要严密。

8.综合法：指概括、总结、分类排队并联系起来认识问题的方法。

9.抓钢法：即抓主要矛盾，抓本质，抓主流，抓重点，抓根本的认识方法。

10. 计算法：指通过计算、统计、测量、评估等手段，认识事物的方法。

11. 实验法：指利用仪器的功能，通过检验和实验的形式从而认识事物的方法。如医生化验、透视诊断病情，公安利用录音录像破案，电脑问询等。

12. 讨论法：指通过讨论认识事物的方法。如各种论坛、电视讨论、报纸讨论、会议讨论、拜师求友讨论等。

13. 调查法：指亲临现场、走访群众、实地调研的认识方法。

14. 反思法：指利用反思维方式分析认识事物的方法。

15. 解剖法：把一个问题分成若干部分，逐一研究的认识方法。如医学、生物学适用最普及最直接。

16. 面试法：指当面测试认识方法。"百闻不如一见"，这是招工、招生、提干、征兵、签证等普遍使用的一种认识方法。

17. 网络法：指利用网络认识事物。这是一种现代认识法，如今不少人选择配偶就利用网络法认识。

18. 冷思法：指暂停思考，静观、琢磨、冷静一段再去认识的方法。

——以上 18 法偏重于认识事物。

以下 18 法偏重于处理事物：

19. 预防法：即把要出现的问题，解决或消灭在事先或萌芽状态。

20. 调解法：指利用对话、协商、调节、求同存异的处事方法。

21. 竞争法：指开展竞赛、比赛、竞选、竞标等处理方法。

22. 样板法：指树榜样、立标兵、办试点等方法。

23. 批斗法：指对错误的东西展开批判和斗争。

24. 法治法：指用法律手段解决问题。

25. 保守法：指稳步的、冷静的、慢慢解决问题。

26. 激将法：指激发他人情感，或"将军"的方法。

27.转移法：指灵活的、变换的、形式多样的处理方法。

28.忍耐法：指耐心、坚持、忍让的处理方法。

29.分离法：指为了解决矛盾，采用分开、调离、离婚、驱逐等解决方法。

30.放手法：指该放手的则放手，该放弃的则放弃。

31.掩护法：指保密、辩解、隐匿等方法。

32.攻心法：指利用宣传、鼓动、从心理上感化、同化等方法。

33.运动法：搞运动、打游击，以及运动锻炼身体等。

34.拖延法：指拖住对方或延长时间等。

35.艺术法：说笑、启发、"装糊涂"、疏通、拉关系等。

36.求援法：求助他人的力量解决问题。遇自然灾害、意外事故及自己力所不及时常用此法。

第二节：对"新三法"的解释

一、比较再生法：

旧的比较法，好像人人都会用，就是把几个东西加以对比，取好点的，舍去差点的。这固然是一种最起码最基本的方法，但也是一种不科学的比较法。因为任何事物的本身都有好的一面，也有坏的一面。或者说任何事物的本身既有长处，也有短处。这样简单取舍，则容易保留所取事物的坏的一面和短处；则容易遗弃所舍事物好的一面和长处。这样比较则不利于事物的创新和发展。这样比较只能永远跟着别人的屁股后面跑。

什么叫"比较再生法"？就是在比较几种事物时，既能看到占优势的事物的毛病、短处、或坏的一面；也能看到占劣势的事物的优点、长处、或好的一面，进而在比较的基础之上再生出一个比占优势的事物更好的事物。

例如：我们所设定人类未来的《民权社会》，就是在比较社会主义制度与资本主义制度的基础之上的再生。

笔者为什么用"再生"而不用"创新"来命名这种认识问题的方法？因为"创新"世面上提的太多了，有人把电脑自动麻将机也称为"创新"，把早就毁掉的寺庙重建也称为"创新"……

二、怀疑一切法：

"怀疑一切"是马克思的座右铭，

也是马克思的真传。

——有一次马克思的女儿问他：

"你为什么能透视这个世界？"

马克思答四个字："怀疑一切。"

笔者第一次听到"怀疑一切"这个词是直到高中毕业时，听到文化大革命开始的口号："万岁，怀疑一切！"

邓小平最害怕"怀疑一切"，

在他的讲话中无数次的把"怀疑一切，打倒一切"，合在一起而加以批判。

笔者对"怀疑一切"锲而不舍，

1973 年先后多次上书《人民日报》社，

肯定"怀疑一切"。

因为"怀疑一切"就是认识一切，没有怀疑就没有认识。

它既不是相信一切，也不是反对一切，

只有经过怀疑，才能相信正确的东西，反对错误的东西。

"怀疑一切"就是毛泽东说的"对任何事情都要问一个为什么"。

"怀疑一切"与"打倒一切"是完全不同的两码事。

"怀疑一切"是解放思想的钥匙，

"怀疑一切"是发明创造的起因，

"怀疑一切"是全面正确认识问题的前提，

“怀疑一切”是革命的启蒙导师。

如果没有她，也许仍然都说地球是扁的；

如果没有她，也许世界上还没有电，更没有电脑；

如果没有她，也许人类社会仍是天经地义的皇权。

让我们再次高呼：

“怀疑一切”永远不可丢，永远不可少！

三、立场善变法：

提到立场善变法，令人想起苏东坡的一首诗：

横看成岭侧成峰，远近高低各不同。

不识庐山真面目，只缘身在此山中。

——古人都知道：要识庐山真面目，一定得从远近高低各种立场去看，绝不能老呆在山中。

为什么当今看问题，有人总是强调"站稳立场"呢？所谓站稳立场，就是指看问题的立足点死板不变。这怎么能正确认识世界呢？

所谓"立场善变"就是看任何问题，都要设身处地的站在各种不同的立场上多想一想。或者说首先认清对方的立场，然后再善变自己的立场。如果对方是"老虎"，那么我方立场就是"木棒"。

例如，要认识"六四"运动，我们既要站在政府的立场上想一想；还要站在学生的立场上想一想；还要站在学生家长的立场上想一想；还要站在部队指战员的立场上想一想；还要站在北京市民的立场上想一想；还要站在国际社会的立场上想一想……然后再发表观点，就不会出错误。

笔者为什么敢于反对所谓的"站稳立场"，而把"立场善变"第一次列为认识事物的方法之宝？就是因为认识问题的正确与否，与立场根本无关，只与方法有关。

值得指出的是，这种设身处地看问题的假设性立场，绝不是当事人的客观立场。也就是说立场本身还是客观的，"立场善变"只是一种看问题的方法，这是两码事。那么多"无产阶级革命家"的成功，并非"站稳立场"而是地地道道的"立场善变"。

阶级革命家"的成功，并非"站稳立场"而是地地道道的
"立场善变"。

下篇：醒世思变
——用《基因哲学》认识世界

我们研究哲学的目的就是为了认识世界。要认识的问题很多，《醒世思变》一书选择了十大问题进行了研究。为了便于通读，笔者特进行了精选，其中以研究《中国之统一》和《邓小平其人其论》为重点。

第四章：论《中国之统一》

第一节：中国分裂的三种形式

中国是一个历史悠久的国家。有使记载达5000多年。从秦始皇统一中国至1911年辛亥革命，封建社会历时2132年。其中唐、宋、元、明、清朝代，历时1330年。中国元朝是蒙古族统治国家，清朝是满族人统治国家，其余皆为汉族人统治国家。中华民族是由56个民族共同组成的一个国族。中华民国时代为1911—1949年，历时38年。中华人民共和国时代从1949年至今。

可是必须指出：中国现阶段仍是一个分裂的国家，而且具有多种分列形式，中国统一的任务十分艰巨。中国现存的分裂形式主要有三种：一是独立问题，台湾是事实独立，外蒙是正式独立；二是一国两制的分裂，香港、澳门最典型；三是无限期的自治，西藏、新疆等无限期的自治也是一种国家分裂的形式。

还必须指出的是：中国的分裂归根结底是"一国两制"。外蒙1924年11月正式宣告成立"蒙古人民共和国"，是由共产党执政搞社会主义制度；而当时的中华民国是国民党执政搞非社会主义制度。台湾与大陆从来都是一个中国，而搞的两种社会制度。香港、澳门就不用说了。西藏、新疆不是由自治走向统一，而是由无限期的自治走向分裂。近年西藏、新疆都爆发动乱。达赖说："西藏不是要独立建国，而是要一国两制。"新疆在毛泽东时代曾推行用汉文化逐步同化，特别是文革期间摧毁了寺院，打击了宗教；自邓小平政变后，放弃了汉文化同化的努力，并大力复兴宗教，现在新疆信穆斯林教的人达千万之多，有人公开提出"另立国家"有人要"一国两制"，并逐渐开始用恐怖主义手段以求达到分裂之目的。所以中国统一的根本问题，就是要消灭一国两制。荒唐的是当今中国的统治者还把"一国两制"这一分裂国家的祸根，当作统一国家的指针。任何一个国家搞"一国两制"就是一个分裂国家。德国过去如此，越南过去如此，韩国至今如此，中国也决不会例外。中国一国两制的地方越多，国家分裂的就越厉害。统一社会制度是一个国家统一的最基本和最起码的条件。很简单的道理：在人类社会中，一种社会制度可以有多个国家；而每一个国家在同一时代只能是一种社会制度。否则就叫是一个分裂的国家。

解决中国统一问题当务之急是要解决两大独立问题，而且优先要解决台湾的事实独立。对外蒙的正式独立也决不能视而不见。台湾面积 3.6 万平方公里，人口 2300 万；外蒙面积 160 万平方公里，人口不足 300 万。也就是说外蒙的面积是台湾的 45 倍，而人口只是台湾的 1/8。岂能视而不见？所谓统一国家，就是只要是国家的故有领土，一点也不能少；不是国家的故有领土，一点也不要多。

第二节：台湾历史和台湾问题的由来

关于台湾的历史。台湾直到十六世纪才见于史书记载。十六世纪的台湾为海盗及从中国、日本、葡萄牙、西班牙、荷兰来的商人，把此岛作为生存基地。到了十七世纪中叶，中国明朝末代将领郑成功，击败了荷兰人，开始在台湾岛正式建立政权。1684 年取代明朝的清朝政府，迁走了郑成功的后代，把台湾的政权作为福建省的一个府。一直延续二百余年。在这中间，直到十八、十九世纪，才开始大量的大陆移民到台湾。多数移民来自沿海的福建和广东省。所谓当今自称为"土生土长的台湾人"，正是中国清朝时代这些移民的后代。在中国的国家政权由明朝到清朝的改朝换代的过程中，台湾也

是中国明朝的垂死地。

郑成功明末福建人，其祖父郑太师是在海上做买卖的，台湾是他的老巢。其父郑芝龙为明朝将领，后投降清朝。当郑太师带了手下的弟兄回到中原，台湾就分别给荷兰鬼和西班牙鬼派兵占据。荷兰鬼在南，西班牙鬼在北。两鬼相争，荷兰打败了西班牙，占领了台湾全境。岛上我们中国人惨受荷兰红毛鬼的掠杀。郑太师的旧部下有位弟兄郭怀一，留在岛上不走，眼见中国人被红毛鬼实在欺侮的不像话，暗中约集中国人，定于8月15中秋一齐起事，杀光全岛红毛鬼。不料汉奸普仔向荷兰红毛告密。郭怀一见事情有变，当即率一万六千多中国人进攻普罗民遮城，红毛鬼调集大军镇压，打了十五天，中国人的刀箭终于难敌红毛鬼的枪炮。郭怀一被红毛鬼的大炮轰死。中国人被打死九千多人。凡是被红毛鬼捉走的女的被迫做营妓，男的不是五马分尸，就是用烙铁烙死。

永历十五年，也就是大清顺治十八年二月，明朝末代将领郑成功在军师陈近南的辅助下兴师伐台，二月十四日到澎湖，四月一日到达台湾鹿耳门。以"尽忠报国，不怕风浪"为口号，先击败荷兰两艘主力舰克德亚号和马利亚号。历时十个月的战斗，终于使红毛签署投降书十四款，逃去巴达维亚。

红毛鬼是明朝天启四年占据台湾，一共占了三十八年，直到永历十五年十一月二十九，台湾收归中国版图。荷兰红毛鬼兵船逃走的时候，升起了旗又降下，再放礼炮，向郑成功拜谢不杀之恩。

郑成功开始在台湾建立政权，不幸的是郑成功在收复台湾的第二年病故，死时只有39岁，郑成功死后，其子郑经继王位。

郑经死后，董太夫人刺杀了郑成功的大孙，让其次孙郑克爽接位延平郡王。

　　期间施琅原本郑成功的部下，并为郑成功收复台湾立过大功。因施琅派其属下一名小校去打探军情。不料此人又怕死，又偷懒，出去在荒山小睡了几天，就回来胡说八道一番。被施琅察觉，于是关了起来，决定斩首。不料此小校半夜逃到郑成功的董夫人那里哭诉。董夫人心肠软，并喜欢小白脸，派人向施琅说情，说"用人之际，不可善杀部下"。施琅说："军法如山，克敌制胜，全仗号令严明"。并对董夫人派来的人说"姓施的是国姓爷的部将，只奉国姓爷的将令。不是董夫人的部将，可不奉董夫人的将令。"惹恼了董夫人。于是董夫人将此小校令作府中亲兵，还叫人传话："你施琅有本事就来杀呀！"施琅一时忍不下这口气，亲自去把　那小校一把抓住，一刀砍了他的脑袋。

施琅杀了这小校，自知闯了祸，便去向郑成功谢罪。可是郑成功听了夫人之言，说施琅犯上，当即扣押。开始施琅以为立过大功，国姓爷英雄慷慨，一时之气，关几天也就算了。哪知道过了多时，施琅的爹爹、弟弟、以及妻子都关进了牢里。施琅见大事不妙，乘监守疏忽，逃了出去。过不多时，郑成功将施琅全家杀的一个不留。

施琅逃出后投奔清朝，作了福建水师提督。顺治驾崩，康熙接位，年纪幼小，鳌拜掌权时，杀了郑太师，并到福建泉州安南县挖了郑家的祖坟，还令沿海七省海边三十里不许有人居住。

清朝康熙年间，1684 年，派施琅攻打台湾。澎湖一战，郑军水师大败，施琅乘胜入台。明朝延平郡王郑克爽不战而降，台湾就此归于大清版图。台湾一平，大明天下从此便无寸土。施琅将郑克爽抓去北京，结果康熙瞧在郑成功收复台湾有功，封其孙郑克爽为一等公。明朝宗室宁靖王朱术桂于台湾自杀殉国，妾五人同殉死节。

施琅登台湾后，并没有为难郑氏子孙，还亲自到郑成功的延平王庙去拜祭。祭文道："自同安候入台，台地始有居人。今施琅天子威灵，将帅之力，克有兹土，不辞灭国之诛，所以忠朝廷而报父兄。……卢中穷士，义所不为也。公义私恩，如此而已。"其中"卢中穷士"指伍子胥当年灭了楚国，将楚平王的尸体从坟墓里掘出来鞭尸三百，以报杀父杀兄之仇。"义所不为"指施琅说他绝不干这样的事。郑成功在天之灵可以放心，台湾平民也别顾虑。

清朝康熙年间收复台湾之后，把台湾作为大清福建省的一个府，并迁走了郑成功的后代。到 1885 年，即清朝光绪 11 年时，台

湾升级为台湾省，不再属于福建省管辖。自此以后，台湾一直为中

国的一个省，无论是中华民国时代，还是中华人民共和国时代。

1895 年甲午战争，战败的中国清政权，由李鸿章出面，与日本鉴定《马关条约》割台湾和澎湖列岛给日本作殖民地，长达半个世纪。直到 1945 年二战结束，日本投降，台湾归还中国。

1946—1949 三年，中国国民党和中国共产党三年内战，战败的国民党蒋政权，含难民共二百余万人，逃往台湾盘踞。也就成了当今的台湾问题。

研究台湾的历史不难发现：台湾由于海岛的地理位置决定，使其在近四百年间，先后两次充当了中国国家旧政权的垂死地，第一次是中国明朝，第二次是中华民国。孙中山曾有一句名言："外难死守重庆，内难死守台湾"。蒋介石这一点还是听从的。

第三节：台湾问题的实质及演变

中国一要统一，二要和平统一，三要尽早统一。这就给中国人民提出了更高的要求。只有让我们拿出智慧首先把一些重大问题研究清楚，尽早和平统一国家，才有希望。弄清台湾问题的实质尤其显得重要。如果"实质"问题就搞不清，解决台湾问题就无从谈起。那么，台湾问题的实质到底是什么？目前最具权威的说法是："台湾问题是中国内战的遗留问题"。它是温家宝总理讲的一句话，后来被正式列为《反分裂国家法》的第三条。

然而，笔者无法苟同这一观点。这种说法表面看来，似乎是那么一回事，但要看其本质之本质至少这种说法不准确。更重要的是这种提法对解决台湾问题非常不利。笔者的观点是：台湾问题是中国新旧国家政权的问题。这才是台湾问题的实质。所谓新国家政权指中华人民共和国政府所代表的国家政权；旧国家政权指中华民国政府所代表的政权。台湾是中国旧国家政权中华民国的垂死地；也是新国家政权中华人民共和国至今只行使了国家主权，尚未行使国家政权的中国一个省。

中国的台湾问题与德国问题和朝鲜问题是有本质区别的。德国和朝鲜都属于因外部势力干涉把一个国家同时分裂成两个国家。例如：韩政权是1949年8月成立靠美国，朝政权是1949年9月成立靠苏联。而中国的台湾问题是中国新旧国家政权问题。

我们为什么说"内战遗留"论不准确且不利于中国统一？其一，台湾根本没有介入中国内战。1927—1937十年"剿共内战"时，台湾还是日本的殖民地；1946—1949三年解放战争时，台湾虽说1945年后归还中华民国，但根本没参与国共内战。没有参与内战何谈"内战遗留"？

其二，不准确的另一方面，在于"内战"的种类盛多。军阀混战也是内战，有些内战根本不涉及到国家政权改朝换代。

其三，如果把中国人民的"解放战争"纯粹说成"内战"，也是不妥当的，甚至是黑白不分的。假如把辛亥革命也说成"内战"准确吗？

其四，如果台湾问题是中国内战的遗留问题，那么联合国根本不会授理有关提案更不会有2758号决议。正因为台湾问题的实质是"新旧政权"问题，承认各会员国的新政权，驱逐其旧政权，这是联合国的宗旨之一。

其五，"内战遗留"论为统治者推卸了责任，不利于国家统一。如果说成"内战遗留"，那么责任就在于打内战的前人。难道前人消灭旧国家政权，已完成 90%以上的任务还不伟大吗？"下三代"在国家统一问题上又做了些什么？如果说成"新旧政权"，那么新旧政权的统治者都有压力。对新政权的统治者而言：任何一个国家，如果旧政权没有完全消灭，那么新政权就不算完全合法。而对旧政权的统治者而言：新旧政权"你死我活"的性质，与二者的优劣根本无关。也就是说不管二者优劣如何，都是旧政权亡，新政权活，任何国家都一样，这是自然规律。例如：宋政权本来比唐政权还要劣，但仍然是唐亡宋存。有压力就能有利于国家统一。而"内战遗留"论既掩盖了新政权的统治者的无能，又掩盖了旧政权统治者的顽固。难怪至今"中华民国总统"台湾还有那么多人争着去当！为什么明朝宗室宁靖王朱术桂于台湾自杀的下场，那么多争当"中华民国总统"的人至今一点也不害怕？就是因为台湾问题的实质没有搞清。

其六，"内战遗留"论隐匿着一种杀机。即"若和谈不成，还得内战"。而"新旧政权"论，虽说新旧政权是你死我活，但并非通过战争达到你死我活的目的。

其七，"内战遗留"论容易引起外国干预。干预别国内战是人类社会发展进步的表现。而"新旧政权"更换各国普遍存在，这叫真正的"内政"，干涉别国"内政"是错误的。"干涉内政"与"干涉内战"是有区别的。

其八，"内战遗留"不利于和平谈判。两岸和平谈判是解决台湾问题的最佳上策。如果坚持"内战遗留"论，内战的战胜方与战败方无法对等，古今中外的停战条约还没有对等的先例。如果是"新旧政权"则容易接受对等。何况台湾一直是中国的一个省，即使把旧政权赶到一个破庙，新旧政权谈判也得对等。因为历史不分新旧，都是统治过中国的统治者。这也是台湾要高于香港之规格的原因。

关于台湾问题的属性演变，大致可分为三个历史阶段：第一阶段主要属于中国内政阶段，时间是 1949—1969 年；第二阶段为第一次"国际化"阶段，时间是 1969—1971 年；第三阶段为重归中国内政阶段，时间是 1971 年 10 月至今。

第一阶段历时二十年，其主要特点是新政权大喊"一定要解放台湾"；旧政权也大喊"一定要反攻大陆"。

第二阶段历时三年，其主要特点是联合国开始授理讨论中华人民共和国政府合法席位。为什么这三年称台湾问题第一次国际化？联合国正式列入讨论议题就叫"国际化"。没有国际化哪里会有 1971 年 10 月 25 日正式通过的 2758 号国际化结论？特别值得注意的是联合国讨论的议案，根本不是中华人民共和国政府的申报案，而是世界其他国家的联合提案。

第三阶段历时最长，现已四十年。虽然联合国的 2758 号决议案，为台湾问题第一次国际化画上句号，但中国政府一致无能解决好台湾问题。最严重的是，1996 年台湾出现事实独立。现在虽说台湾已事实独立，但事实独立不等于正式独立，主要区别就在于没有国际社会的承认。既然没有国际社会的承认，所以台湾问题仍然属于中国内政问题。

毛泽东说得好："台湾问题，既有国内问题，也有国际问题"。我们这样划分只是具体化而已。

值得提醒的是：台湾问题完全有可能第二次国际化！因为自 1993 年以来，联合国大会每年都有一小部分国家提案允许台湾加入联合国。虽然这一提案未能得到联合国授理讨论，但

2758 号结论至今已 40 年了，中国政府无能力解决，总不能永远让台海紧张局势影响世界和平呀？所以台湾问题第二次国际化的危险性非常之大！

第四节：台湾问题的现状

要解决台湾问题，就得弄清台湾问题的现状。那么，台湾问题的现状到底是什么呢？

当今有许多提法：李登辉讲："台湾是美国军事政权手下的一块土地"。陈水扁讲："中华民国就是台湾，台湾就是中华民国。""台湾从来就是一个主权独立的国家。"

最有权威的提法是胡锦涛主席讲到："大陆与台湾同属于一个中国，是两岸关系的现状。"胡锦涛的这句讲话被列于《反分裂国家法》的第二条。请允许老庶民再次挑战权威。苏老也是不得已，因为不挑战，中国统一就没有希望。

我们用看本质之本质的哲学得出的观点是：台湾的现状是自 1996 年开始"事实独立"。

"事实独立"概念：某地区的政权，长期以主权国家名义出现，不受其他任何国家政权的直接管辖，又未获联合国承认，这样的地区称作"事实独立"。

根据定义判别法，台湾完全符合"事实独立"的概念。我们判别"事实婚姻"，主要看"长期以夫妻名义出现"。判别一个地区"事实独立"也主要看"长期以主权国家名义出现"。过去蒋家王朝逃至台湾以主权国家名义出现，所讲的中华民国不但包含中华人民共和国，而且还包含蒙古人民共和国。而 1996 年以后的中华民国其"宪法修正案"明文规定只限于台湾，这是有本质区别的。

台湾的事实独立有四大主要标志：

其一，是 1996 年撤销了台湾省。这使"台湾是中国的一个省"不再存在。

其二，是国民党分裂。1996年中华民国自始至终独党执政的"中国国民党"正式分裂，一分为三：国民党、亲民党、新党。即使96年以后台湾再出现国民党执政，这与曾经统治过中国的"中国国民党"根本不是一回事。

其三，是1996年李登辉正式提出"两国论"。这是台湾事实独立的主要标志。

其四，是台湾地区实行民选总统。1996年台湾开始实行全民公投选举"中华民国总统"，而所谓的"全民"仅只有2000万台湾人。但这种"民选总统"至少标志着原中华民国蒋家王朝的彻底覆灭。

以上四条是台湾1996年事实独立的主要标志。1996年笔者以一个中国公民的身份曾上书国家主席江泽民，建议出兵收复台湾，结果杳无音讯。

1996年台湾事实独立，无论对中国统一是好事还是坏事，它都是台湾问题的现状。如果要说是件坏事，那么历史罪人将记载是：江泽民（国家主席），胡锦涛（国家副主席），朱镕基（国务院总理），李鹏（人大委员长）。至于李登辉则应入另册。1996年李登辉任国民党主席，分裂了国民党，自己被国民党开除党籍，但成为台湾第一任民选总统。所以李登辉只能属于分裂国家的罪犯，他连当"历史罪人"的资格都没有。

1996年台湾事实独立时，江泽民政府没有出兵，只是放了三枚导弹，而且连"警告台独"就不敢讲，而宣称是"搞试验"。1996年江泽民大张旗鼓的举国上下批判"两国论"，丝毫无阻台湾的事实独立，反而起到一个宣扬台湾事实独立的作用。因为对于1996年大批"两国论"，开始李登辉还狡辩讲是"失口"，后来干脆说"就是两国论"。最令人痛心的是：本来1996年台湾事实独立，江泽民应是历史罪人；反而颠倒过来，江泽民把1992年两个民间组织没有共识的各自表述美化为什么《九二共识》，并且以此作为中国统一的

"政治基础"。正是这种为自己表功的名不副实的"九二共识"为1996年台湾的事实独立打了掩护。

笔者为什么要挑战"大陆与台湾同属于一个中国是两岸关系的现状"这一论点？

笔者查了一下，这一论点并非胡锦涛的发明，最早是时任外交部长的钱其琛讲出来的。笔者之所以反对，为的是有利于国家统一。

其一，"大陆与台湾同属于一个中国"这是连小学生都能坚信无疑的一个史实。但是如果把它说成"两岸关系的现状"或者"台湾问题的现状"就显得十分荒唐了。因为这岂不成了历史状况、现时状况、将来状况此三者一模一样！

其二，如果把"大陆与台湾同属于一个中国"说成是"两岸关系的现状"，那么就得永远维持现状。中国统一还有什么希望？难怪有那么多人主张台湾问题要"维持现状"，原来错误的根源在于中国国家统治者把台湾问题的现状搞错。难怪中国的国家统治者对台湾的事实独立视而不见，任何一届政府都没有一个能把统一国家列为本届政府的历史使命。追其根源就在于搞不清台湾问题的现状。

其三，这一"同属"关系模糊了中国国家政府对台湾省的"包含"关系。试问：中华人民共和国政府到底是"中国政府"还是"大陆政府"？所指的"大陆"是否包括海南岛？

其四，这一现状提法既违背了中国的国家宪法，也违背了联合国2758号决议案。宪法序言第九款明文规定："台湾是中华人民共和国的神圣领土的一部分"。"同属"关系显然与此相违背。如果是"同属"关系，联合国2758号决议案允大陆政府进联合国时，就不会驱逐台湾的代表团。

其五，这种提法与客观现实不符。客观现实是："两岸炮口互对"，既然是"同属于一个中国"，为什么要"炮口互对"？"炮口互对的客观现实"，能用"同属于一个中国"来概括吗？显然不符。正因为台湾的现状是"事实独立"，所以才有炮口互对的客观现实。这正如"承认错误是改正错误的前提”一样，只有承认现状，才能改变现状，这样国家统一才有希望。

第五节：国家“主权”与“政权”的区别

“主权”与“政权”是完全不同的两个概念。“主权”是指归谁所有的“属权”。“政权”是指行政管理的“管权”。这二者是有本质区别的。

“国家主权”就是指哪些地方属于某个国家所故有之权。

“国家政权”就是指管理某个国家的政府之权。国家主权的变更必须经国际社会的承认，具体的讲就是要经联合国承认。国家政权的变更属各国的内政。这就是“国家主权”与“国家政权”的主要区别。

什么叫一个统一的国家？就是指某一个国家的主权范围与政权范围是统一的，或者说范围是一样的，就叫做是一个统一的国家。既不能多，也不能少。政权范围多于主权范围，说明侵略了别国，政权范围若少于主权范围，正说明这个国家还没有统一。

关于台湾的主权：1662 年之前，台湾无主权国家，即台湾不属于任何国家。自 1662 年明朝将领郑成功收复台湾之后，台湾的主权就一直属于中国。尽管 1895—1945 的 50 年间，台湾被割日本作殖民地，应该说台湾的主权仍然属于中国，只是台湾的政权被日本统治了五十年。

台湾的国家主权属于中国。谁代表中国，谁就对台湾拥有主权。1971 年 10 月 25 日之前，联合国的席位是中华民国代表中国，那么台湾的主权就属于中华民国。1971 年 10 月 25 日之后，联合国的席位是中华人民共和国代表中国，那么台湾的主权就属于中华人民共和国。1971 年 10 月 25 日之后，中华民国就对台湾不再拥有主权。

例如：中美建交时，（指中华人民共和国与美国建交时）中方提出三条作为前提条件，①美国与中华民国断交；②废除"中美共同防御条约"；③美国从台湾撤军。美国都执行了。如果中华人民共和国对台湾不拥有主权，美国能执行吗？如果中华人民共和国对台湾未拥有主权敢提出：断交、废约、撤军三项要求吗?即使胆大妄为的提出来了，堂堂的超级大国又怎么会乖乖地依从呢？

又例如：以上"断交"这一条，中华人民共和国运用于与全世界一百多个国家建交。即凡与中华人民共和国建交的国家都必须首先与"中华民国"断交。

还例如：台湾至今参与国际组织，都需要中华人民共和国同意。

关于台湾的政权：

1662—1684 的 22 年间属于中国明朝；1684—1895 的 211 年间属于中国清朝；　　　　1895—1945 的 50 年间属于日本；1945—1996 的 51 年间属于中华民国；1996 年至今属于事实独立。因为台湾的事实独立是盗用"中华民国"的名义而事实独立的，所以往往难以被人分清。也就是说在台湾，"中华民国"在 1996 年之前和之后是完全不同的两种含义：1996 年之前是中华民国管台湾省；1996 年之后是事实独立的台湾冒名了中华民国。

关于中国、中华民国、中华人民共和国、台湾四者的含义和关系：

①中国：是一个具有五千多年历史的主权国家。

②中华民国：1912—1949 代表中国；1949—1971 只剩台湾，但在联合国仍名义代表中国；1971—1996 只属于中国不再代表中国；1996 年至今名存实亡。

③中华人民共和国：1949—1971 事实代表中国，是中国的主体，但未得联合国承认；1971 至今得联合国承认正式代表中国。

④台湾：1945—1996 属于中华民国；1996 至今盗用"中华民国"的名义事实独立。

关系：台湾的事实独立，只改变了台湾与中华民国的关系，没有改变台湾与中华人民共和国的关系，更没有改变台湾与中国的关系。台湾事实独立使中华民国作为国家政权彻底消亡，作为国号被台湾盗用。台湾与中华人民共和国的关系仍然是中华人民共和国对台湾只行使了主权没行使政权。台湾与中国的关系永远是台湾属于中国。

当我们弄清了主权和政权的关系后，必须纠正一个错误：那就是《人民日报》多次刊登："对香港恢复行使主权"，这是一句错话。中国对香港所恢复的应该是国家政权，而不是国家主权。香港的国家主权从来都属于中国，任何时候都没有改变。英国对香港只是租用，而绝不是像美国 1867 年向沙俄购买阿拉斯加那样。这就像我们租房住，没有主权，只有管理权和使用权。这一错误归根结底也不能怪人民日报社，因为当时是邓小平讲的"对香港恢复行使主权"，人民日报社岂敢唱反调？所以，是邓小平根本分不清"主权"与"政权"的关系。

第六节：谈《反分裂国家法》

根据基因哲学的原则，我们对《反分裂国家法》只想用三个字概括——这是一部"糊涂法"。

为什么说它是一部"糊涂法"？

其一，首先是这部法制定错了。此法的由来是欧洲华人华侨在温家宝总理到访时建议制定《国家统一法》，并特别强调要制定国家统一时间表，没有统一时间表的"统一法"毫无价值。其实，在欧洲华人提议之前，1996 年笔者曾上书江泽民建议制定《国家统一时间表》；2004 年笔者又曾上书胡锦涛建议制定《落实联合国2758号决议实施方案》，结果不知什么原因制定出一部《反分裂国家法》，简直令人大失所望，遗憾万分。《统一法》与《反分裂法》是有本质区别的。前者的落脚点是"统"，这是积极的；后者的落脚点是"反"，这是消极的东西。有分裂，才有反分裂，越反就越分裂——这是很简单的道理。

其二，这是一部名不副实的法。因为既然是"反分裂国家法"就应该包括分裂国家的各种主要形式，就应该具有对分裂国家的罪犯如何量刑。可这部法连标点符号在内只有977个字共十条。敷衍海外华侨提议也不该如此草率。根据其内容若叫"反台独法"还差不多。

其三，这部法的第二条把台湾"事实独立"的现状，糊涂的说成"大陆与台湾同属于一个中国，是两岸关系的现状"。所以，美国政府把原来"支持中国和平统一"的对华政策，修改为"维持现状"。如果"大陆与台湾同属于一个中国"是现状，那么就得永远维持现状，中国统一还有什么希望。

其四，它的第三条把台湾问题的实质，糊涂的说成是"内战遗留"。如果真是60余年前的一个内战遗留问题，解决与不解决就无所谓了。

其五，它的第八条是本法的核心——谈"非和平方式"，即动武。尽然糊涂得剥夺了"全国人民代表大会"对战争的决定权。美国所有的战争都是事先由国会决定，总统只是实施，所以战争打与不打总统都没有责任。中国此法第八条第二款规定"由国务院、中央军事委员会决定和组织实施"，只是"决定和组织实施"之后，"及时向全国人民代表大会常务委员会报告"。难道人大常委会在战争"实施"之前，召开一次"决定"的会议就来不及吗？

其六，最模糊不清的是采取"非和平方式"的三大前提条件："台独分裂势力以任何名义、任何方式造成台湾从中国分裂出去的事实；导致台湾从中国分裂出去的重大事变；以及和平统一的可能性完全丧失。"首先模糊不清的是此三条是要全部满足还是只满足其中一条或两条？事实上第一条早就满足了，台湾1996年就已经盗用"中华民国"的名义，以事实独立方式而独立了。又本人列举的事实独立的四大标志都属于"重大事变"。第三条"和平统一的可能性完全丧失"，这是一条没有衡量标准的东西。一方面：中国的新政权已经建立六十多年了，联合国的 2758 号决议就已经 40 年了。中国政府仍然无能对台湾行使国家政权，就可以认定是"和平统一的可能性完全丧失"；从另一方面看，也可以说任何时候都不能认定是"和平统一的可能性完全丧失"。例如：德国分裂成两个国家四十多年，不还是和平统一了吗？

介于以上六条，所以说此法是一部"糊涂法"。

既然《反分裂国家法》是一部糊涂法，就应该早点终止。中国要尽早制定《统一法》。《统一法》的关键是制定"统一时间表"。没有统一时间表的统一法等于没制。如果说中国的旧国家政权如此顽固，或者说台独势力如此猖狂，中国统一不能完全排除"非和平方式"，那么，就以"统一时间表"为准还要科学得多。只要规定的时间到了，和谈不成功，则采取"非和平方式"，这样既简单又科学。所谓科学就是这样能促进"和谈"，反而能彻底消除"非和平方式"的可能性。

第七节：论中国统一的《政治基础》

中国要统一，必须要有一个坚实的、准确的、强有力的政治基础。否则，中国统一就无从谈起。

那么，中国统一的政治基础到底是什么呢？

目前中国的统治者说："《九二共识》是中国统一的政治基础。"笔者又无法苟同。

让我们首先来看一看《九二共识》到底是什么东西？所谓"九二"是指 1992 年；所谓"共识"是指 1992 年有两个民间组织中国海协会和台湾海基会双方在一起各自口头表述——海协会说："一个中国就是中华人民共和国"；海基会说："一个中国就是中华民国。"当时没达成任何协议，所以没有任何文件。《九二共识》这个名是江泽民政府加的，意思是既然双方都谈到"一个中国"，这就叫共同点，于是便定名为《九二共识》。后来又把它说成是中国统一的政治基础。这纯属江泽民为了表功，其含意指我江泽民任国家元首的第三个年头，就奠定了中国统一的政治基础。

我们运用看事物本质之本质的基因哲学来加以认识，不难发现

《九二共识》是一个虚伪的、不定的、无力的东西。

其一，民间组织口头各表的东西本身就是无力的东西。

其二，这是一个没有共识的"共识"。要称其实质应叫《九二争吵》，说的好听点只能称《九二各表》。

其三，双方都承认"一个中国"，这固然是一个共同点，可是这一共同点与"九二"毫无相关。因为"一个中国"这是毛泽东和蒋介石时代都一贯承认的，要叫"共识"也只能叫"一贯共识"或"毛蒋共识"。双方都承认"一个中国"对中国统一又有什么作用？中国不是照常分裂吗？

其四，根据胡锦涛与宋楚瑜的《会谈公报》中所述："1992 年两会各自口头表述原文：海基会表述——在海峡两岸共同努力谋求国家统一的过程中，双方都均坚持一个中国的原则，但对于一个中国的涵义，认知各有不同。海协会表述——海峡两岸均坚持一个中国的原则，努力谋求国家统一，但在海峡两岸事务性商谈中，不涉及一个中国的政治含义。"仅从这个反复加工的《会谈公报》中我们就不难看出其虚伪：既然是口头表述，又怎么会有"原文"？最多也只能称"原话"或"原语"；又既然"不涉及一个中国的政治含义"，怎么能作政治基础呢？

正因为《九二共识》是一个虚伪、不定，和无力的东西，所以陈水扁说："从来没见过九二共识，叫我怎么承认？"并邀胡锦涛去台湾访问一起去海基会查档案。是呀，口头各表有什么档案！

根据基因哲学的原则，我们认为，中国统一的"政治基础"应该是联合国 2758 号决议。

一、2758 号决议的由来：

自 1950 年第五届联合国大会起，每年都有联合国成员提案要"排除台北接纳北京"。最初几年联合国大会以"缓议"为名不列入议程。1961 年台北为了保住其联合国的代表权，提出《重要问题案》即："任何与代表权争执的议案应视为重要问题，要以投票的会员国三分之二的多数决定之"。后来美国又曾提出《变化的重要问题案》以及《双重代表案》即：既让北京入会，又保住台北席位。

1971 年 10 月 25 日第二十六届联合国大会终于否定了美国提案，而通过了以阿尔巴尼亚为首等二十三国提案。也就是联合国 2758 号决议。

当联合国通过第 2758 号决议后，大多数成员国代表一片欢呼，竟然高兴得跳起舞来。台北代表"周部长"被当场宣布退出联合国。当台北代表被逐出会场时，只有美国代表布什跑步赶出去送别。

二、2758 号决议全文：

"回顾联合国宪章的原则，考虑到，恢复中华人民共和国的合法权利对于维护联合国宪章和联合国组织根据宪章所必须从事的事业都是必不可少的，承认中华人民共和国政府的代表是中国在联合国组织的唯一合法代表，中华人民共和国是安全理事会 5 个常任理事国之一，决定：恢复中华人民共和国的一切权利，承认她的政府的代表为中国在联合国组织的唯一合法代表并立即把蒋介石的代表从它在联合国组织及其所属一切机构中所非法占据的席位上驱逐出去。"

三、2758 号决议的效力：

联合国大会是当今世界上最具权威的组织，此大会的决议具有其他任何东西所无法替代的无比效力。

2758 号决议一出台，台湾简直是一片哗然，不知何去何从？

正是因为 2758 号决议的效力，使中美于 1972 年发表《上海联合公报》，紧接着中日关系也解冻，并先后使中华人民共和国新增与世界几十个国家建立了正式外交关系。在 1971—1976 短暂的五年间，毛泽东和蒋介石都动了恻隐之心。例如 1973 年 5 月毛泽东周密安排用专机把章士钊从北京送到香港与国民党方面联络。不幸的是由于频繁的活动，过度的兴奋，加之年事已高，章士钊于 7 月 1 日不幸病逝于香港。又例如 1975 年春蒋介石又动了与中共重开谈判的念头。蒋介石将这一使命交给了抗战前曾主持过国共两党秘密谈判的国民党元老陈立夫。陈立夫受令后，即通过秘密渠道向中共中央发出邀请毛泽东到台湾访问的信息。在中共还没来得及回音的情况下，陈立夫便写了"假如我是毛泽东"一文，在香港报纸上公开发表。他在文章中殷切欢迎毛泽东或周恩来到台湾访问，与蒋介石重开谈判之路，以造福国家和民众。并特别希望毛泽东能不计前嫌，效仿北伐和抗日时期国共合作的先例，握手一笑，开创再次合作的新局面。然而，由于蒋介石在此后两个月于 1975 年 4 月去世，一年半之后毛泽东也与世长辞，使他们都没有能够看到国共再次合作局面的出现。

2758 号决议的核心：是解决谁代表中国的问题。而中国统一的实质就是如何完全彻底的消灭旧国家政权的问题，所以 2758 号决议应是中国统一针对性最强、最坚实、最精确、最有力的《政治基础》。

必须指出的是：2758 号决议至今并没有完全落实。所谓"联合国席位"的落实只是一个表面现象，消灭中国的旧国家政权统一中国，才是从根本上落实 2758 号决议。

意想不到的是"下三代"抛开了正确的《政治基础》，换成"九二共识"作政治基础，使中国统一误入歧途。

第八节：论中国的"国号"

当今有不少人责怪毛泽东："毛泽东最不该做的一件事，就是重新成立一个什么'中华人民共和国'。如果只是成立一个'中华民国新政府'该多好。""毛泽东就是想当什么'国家的缔造者'，出现如今的两个中国的混乱就怪毛泽东。"

说这话的人，至少是根本不了解当时的实情。下面看"中华人民共和国"这个国号的由来：那是在1949年中国的解放战争及将胜利的前夕，中共中央五大书记会议曾多次讨论中国的国号问题。五大书记中只有毛泽东一个人坚持不改国号仍用"中华民国"国号，理由是中华民国是孙中山领导的辛亥革命而创建的，只怪蒋介石背叛了孙中山，共产党革命的目的，不是打倒国民党，而是只打倒国民党中的反动派。国号不宜频频更换，以免发生混乱。主要是更改国家政权，只要成立新的国家政府就行了。

当时刘少奇、朱德、任弼时三位书记坚决反对。尤其任弼时最激进，任弼时讲："我们革命的目地就是要推翻中华民国！新国号一定要体现人民、民主、共和三方面意义。"于是刘少奇、朱德、任弼时三人意见一致，同意叫"中华人民民主共和国"。在这种情况下周恩来采取了折中，他说："那就叫中华人民民主共和国（简称中华民国）吧"。于是在一段时间内中央起草多种文件中，国号便采用"中华人民民主共和国（简称中华民国）"的称号……后来政协全国委员会又讨论时，政协委员嫌国号太长，既去掉"民主"，又去掉简称，便成了"中华人民共和国"。这就是"中华人民共和国"国号的由来。

直到六十年代，当中华人民共和国争取联合国席位正是因为国号问题的混乱而遇到麻烦时，毛泽东对周恩来后悔的说："真理往往在少数人一边，当年要"独裁"一下就好了。"

知道这一史实的人，不但不会责怪毛泽东，反而会佩服毛泽东能高瞻远瞩。毛泽东根本无意当什么"国家缔造者"，细心的人善于研究就不难发现：在开国大典时，毛泽东在天安门广场庄严宣布的是："中央人民政府成立了！"而没有把"成立了"挂在"中国人民共和国"的身上讲出"中华人民共和国成立了！"

写到这里，苏老想对"中华民国" 提两点异议。请不要见怪，其实苏老本人就是出生在中华民国的人。要提的两点异议：第一点是不应该以"民国多少年"的方式要记载历史，以免混乱时间。第二点是不应该把孙中山称为什么"国父"。中国具有五千年的历史，要称"国父"的人也只能是炎帝和黄帝，所以中国人都爱称自己是"炎黄子孙"。如果狡辩说孙中山是中华民国的国父，那么中华民国难道不是中国吗？又中华民国成立时，实质上第一任总统是袁世凯，而孙中山只是任铁路部长。当然我们并不否认袁世凯的总统是孙中山让位的。

问题在于这个总统之位到底该不该让？毛泽东说的好："革命
不是请客吃饭，不是做文章，不是绘画绣花，不能那样雅致，那样从容不迫，文质彬彬，那样温良恭俭让。"可不是吗？袁世凯任中华民国大总统后又称帝了！这对革命带来多么大的损失？

让我们回到主题讨论国号问题。《江八点》中说到："什么问题都可以谈，包括国号"，可是江泽民执政十三年两岸什么也没有谈。中国不能再出一个任弼时，如果中国再次更改国号，必然又将引起新的混乱。

总之，我们的观点是："国号"仍然叫"中华人民共和国"。其理由有两点：其一，既然上次更改国号是错误的，再次更改也是错误的。其二，笔者仔细研究了一下，翻开《中国外交》2006 年版，查一下《同中国建交的国家一览表》发现：截止 2005 年底，与中国建交的共 168 个国家，其中有 109 个国家的国号中都含有"共和国"三个字。而"中华民国"不含"共和"二字，它的实质是"蒋家王国"。

第九节：关于外蒙独立的真相

外蒙独立才几十年，当今能够弄清外蒙独立真相的国人可以说难占万分之一。最突出的矛盾就是台湾的《中华民国地图》外蒙仍然属于中华民国的版图；而《中华人民共和国地图》外蒙已经不属于中华人民共和国的版图。

外蒙自古与华夏水乳交融，近世更是中国的一部分。中国元朝政权，正是外蒙人成吉思汗（铁木真）及其后代统治中国的时代。到了中国明政权时代，曾多次动兵，蒙古各部战败后分裂使得明朝不得不采取分而治之的办法，但整个蒙古还是先后悉数归顺明朝。中国清政权时，不但外蒙归顺清朝三百余年，而且是满蒙结合统治中国的时代，蒙古人是大清帝国的擎天柱。

特别值得为蒙古人引以自豪的是蒙古出了个成吉思汗。成吉思汗及其子孙统治中国历时十代帝王。元朝成吉思汗的孙子拔都，也是一位大英雄，于公元1238年攻克莫斯科，一直打到波兰、匈牙利、渡过多瑙河。并于1240年至1480年的240年间，统治俄罗斯广大土地，建立"金帐汗国"。这是《大英百科全书》记载的。《大英百科全书》于"俄罗斯"部分还有如下记载："在这个期间，莫斯科的王子公爵，必须去伏尔加河口萨崃城朝见黄金帐中的中国蒙古可汗，接受封号。他们通常要忍受诸般屈辱。朝拜已毕而回到莫斯科后，便能向鞑靼人收税，欺压临近的诸侯小邦。"

所以，外蒙古是中国的一部分。这是历史事实。

外蒙古的独立始于1912年，完成于1946年，正好是中华民国政权38年间发生的事，这是中华民国的耻辱，更是中国的损失。

外蒙的独立过程总体分两部曲：前半部分是国家分裂分子哲布尊丹巴活佛勾结俄国沙皇政府组成"独立政府"，以"自治"政府名义出现的事实独立。后半部分是国家分裂分子乔巴山投靠苏联斯大林，成立蒙古人民革命党，以共产暴力革命的方式，建立蒙古人民共和国走向正式独立。前曲从 1912 年—1921 年历时 10 年，后曲自 1921 年—1946 年历时 25 年。其中值得说明的是在外蒙古独立的前后两部曲中间有一段插曲：那就是 1921—1923 年的"蒙古君主立宪国"。那是蒙古人民革命党领袖、蒙古"国父"苏黑巴托尔干的。苏黑巴托尔伙同乔巴山，请求列宁下令让苏联红军攻占库仑后，出于蒙古国情不适一下建立苏维埃政权，便以旧政权博克多格根（活佛）为傀儡建立"蒙古君主立宪国"。苏黑巴托尔于 1923 年 2 月 22 日被蒙古人毒死。时年只有 30 岁。

乔巴山继承了苏黑巴托尔的遗志，于 1924 年 11 月正式宣告成立"蒙古人民共和国"。1924—1946 年 22 年间为争取承认阶段。

历史资料表明：在整个 35 年外蒙闹独立其间，中华民国政权没有动过兵。但值得提及的是：其一，1919 年中华民国徐树铮将军进驻库仑，哲布尊丹巴曾呈文，声明自愿无条件地放弃自治，归回中华民国领导。遗憾的是民国驻军于 1921 年被恩琴匪帮击败撤出库仑，从此中华民国的国家军队再也没有回到库仑。

其二，1929 年蒋政权的中国军队向外蒙古东部边境的苏联军队

发起过一场小规模的冲突。当时蒋介石正忙于在南方"剿共"，所以没有更多的顾及外蒙的独立。这次小冲突仅是下属发起的一次中苏冲突罢了。

当然，在整个外蒙闹独立的 35 年间，中国的统治者发声明，提抗议，放大炮还是有不少的。

1912 年，哲布尊丹巴驱逐了清朝库伦办事处大臣三多，宣布外蒙古脱离中国"独立"，中华民国临时大总统孙中山发表

庄严宣告，不承认外蒙独立，令哲布尊丹巴取消"独立"，废除"俄蒙协约"。对沙俄侵略中国的行径表示极大愤慨。

并留下孙大总统豪言："国家之本，在于人民。合汉、满、蒙、回、藏诸地为一国，即合汉、满、蒙、回、藏诸族为一人，是曰民族之统一。"

1928 年，蒋介石掌管中国政权时，在给苏联政府的回电中也这样写到："外蒙古主权属于中国，外蒙古的事务属于中国内政，任何外国政府都无权干涉。苏俄红军应无条件撤离外蒙古，如果拒不听从劝告，后果将由贵国政府负责。"

蒋介石当年在一次会议上说的更好听："我们不怕苏联，为了外蒙古的主权，打一仗也值得。苏联不过是一直看起来可怕的"北极熊"，只要我们强大了，它就会乖乖的回到它的欧洲去。"

遗憾的是：在整个外蒙闹独立的 35 年间，外蒙人民多次请求中国政府出兵收回外蒙主权，中国政府却始终未出兵。

直至二战末期 1945 年，美、苏、英三国元首罗斯福、斯大林、丘吉尔背着中国于 45 年 2 月 11 日在雅尔塔搞了一个"关于苏联参加对日作战的协定"，把承认外蒙的独立列入苏联参加同盟国方面对日宣战的条件。

四个月后蒋介石才知道三巨头搞的这个"雅尔塔协定"。作为参加世界反法西斯战争的同盟国被列为"四大国"之一的中国，竟然要以失去六分之一的国土去换取苏联参加对日作战。

蒋介石派往莫斯科接受雅尔塔协定谈判的主要成员是三人：外交部长宋子文，副部长王世杰，蒋介石私人代表蒋经国。

中华民国政府代表团终于在 1945 年 8 月 14 日与苏联政府签署

了《中苏友好同盟条约》，其中之一条为："因外蒙古人民一再表示其独立之愿望，中国政府声明于日本战败后，如外蒙古之公民投票证实此愿望，中国当承认外蒙之独立，即以其现在之边界为边界。苏联政府声明苏方将尊重外蒙之正式独立与领土完整。"

在苏联对日作战其间，外蒙古全力以赴对日宣战，"蒙古人民共和国"元首乔巴山亲任总司令，蒙古人民革命党总书记泽登巴尔亲任政治部主任，向前线派出了几乎所有的军队。

抗日战争胜利后，1945 年 10 月 10 日至 20 日蒙古举行公投，结果是：全数赞成独立，无一反对。

1946 年 1 月 5 日，国民政府正式公告外蒙古独立。其文曰："外蒙古人民于民国 34 年 10 月 20 日举行公民投票，中央曾派内政部长雷法章前往观察。根据外蒙古主持投票事务人员之报告，公民投票结果已证实外蒙人民赞成独立。兹照国防最高委员会之审议，决定承认外蒙古独立，除由行政院内政部将此项决议正式通知外蒙古政府外，特此公告。"

至此，外蒙的独立画上句号。

然而，1949 年 9 月，蒋介石政府逃至台湾后又以苏联违反《中苏友好同盟条约》及联合国宪章为由向联合国第四届大会提出"控苏案"。罪状有：苏联延不撤退其在东北的军队；掠夺东北大量物资；吞并外蒙领土唐努乌梁海；支持中国共产党。

1952 年 2 月 1 日联合国第七届大会通过蒋政权的"控苏案"："判定苏联自日本投降以来，在其中国之关系上，未能履行 1945 年 8 月 14 日之中苏友好条约。"

"控苏案"通过后，台湾当局提出自动废止《中苏友好同盟条约》。中苏条约既已废止，似乎承认外蒙独立的公告也随之失效。故此，在台湾的中华民国版图上，外蒙古又恢复成中国的一部分。

当 1946 年 1 月 5 日国民政府承认外蒙独立时，身处延安的毛泽东、周恩来、朱德曾表示极为愤怒。到 1949 年以后他们自己执政时，虽说也曾做过最后两次努力，但仍无力回天，最终还是屈服于苏联的压力，正式承认了外蒙独立。期间第一次努力是指 1949 年冬至 1950 年春毛泽东访苏与斯大林的三次会谈，并于 1950 年 2 月 14 日正式签定《中苏友好同盟互助条约》。第二次努力是指 1954 年 10 月赫鲁晓夫率苏联党政代表团到北京参加中华人民共和国成立五周年庆祝活动期间，毛泽东、周恩来跟赫鲁晓夫在外蒙问题上做了最后一次努力。（斯大林已于 1953 年 3 月 5 日逝世）

关于对外蒙问题的几点看法：

一、外蒙是中国的故有领土，且是中国的 1/6 的领土面积，无论任何人，任何时候，以任何理由造成外蒙独立都是错误的，有错必纠这是基本原则。特别是在领土问题上更不能含糊。

二、外蒙的独立把好端端的一个蒙古民族分裂成两部分，而且是非常不合理的分割。内蒙的面积只有 110 万平方公里，人口却有2400 万；而外蒙的面积有 160 万平方公里，是内蒙的一倍半大，人口却只有不足 300 万，只占内蒙的 1/8。

三、外蒙问题无论当今国民党不承认其独立，还是共产党承认其独立，都是有错误的。因为国民党的不承认也是出尔反尔；共产党的承认也不可理解：国民党执政时承认外蒙独立，共产党表示愤怒；为什么自己执政时，反而又承认外蒙独立？

四、无论外蒙有否宝藏，中国统一都得收复外蒙。外蒙独立 80 余年来，前 70 年一直处于国际社会的孤立地位，也认为外蒙是资源贫乏之地。在中苏冲突时，苏联曾在外蒙屯兵百万，外蒙实际上成了苏联的附庸。但近 10 多年来在距中国边境约 80 公里的奥尤陶勒发现了全球最大的铜矿和金矿。目前美国的开发商艾芬毫矿业公司正在那里开采，并占有 66%的权益，而蒙古政府只持有 34%的权益。进入二十一世纪以来，地质专家预测：外蒙有震撼世界的矿藏。目前外蒙已呈现"多国挺进，万亿矿藏引豪夺"的状况。例如 2010 年外蒙戈壁区发现坐拥全球第二大煤矿、煤藏量高达 64 亿吨。日本和韩国已前往开发。但是 300 万外蒙人民仍然非常贫穷，仍以畜牧业为主，以住蒙古包为主。我们既不能让外蒙人民继续苦下去，也不能让其他国家继续掠夺外蒙的资源。这其实是对中国的掠夺。

五、外蒙的正式独立与台湾的事实独立是两类性质迥然不同的问题。台湾问题是由中国的旧国家政权长期演变而成的事实独立；而外蒙的独立将家比国属于"离家出走"性质的独立。所以解决外蒙的基本方针是两个字：自愿。这种"自愿"主要在于做工作，工作做得好，外蒙的统一比解决台湾问题还要容易，德国的统一就是证明。可以利用 2400 万内蒙人民通之以情，附之以理做好 300 万外蒙人民的工作。要保证统一后，让外蒙人民的生活有天壤之别的上升，至少要高于全国人民的平均生活水平。可考虑由国家政府对外蒙人民一次性每人平均生活补助 30 万—50 万元。因为他们过去太苦了，俗言道"众人抬一容易"，十三亿中国人平均是四百个人抬一个人能有什么问题？

第十节：论中国统一的出路

试问中国统一的出路是什么？

当今普遍认为中国统一的出路是：国共两党实现第三次合作，以一国两制为方针统一中国。——我们认为这是一条邪路，千万走不得！为什么这样讲？

首先我们来回顾一下国共两党合作的历史。国共两党第一次合作是 1924—1927 历时三年。合作的任务是进行北伐战争。合作的形式是允许共产党员以个人身份加入国民党。按说这是最彻底的最高水平的合作。当时许多共产党人都加入了国民党，连毛泽东、周恩来都加入过国民党。特别是毛泽东、想当年国民党"一全"大会时，毛泽东被选为国民党中央候补执行委员，而蒋介石在国民党"一全"大会时，连党代表就没有选上。"二全"大会，毛蒋一起登台：毛泽东时任国民党中央宣传部长，登台作《宣传部两年经过状况》

报告；蒋介石因东征有功，登台作《军事状况》报告。有谁能料到国共合作好景不长？1925 年孙中山逝世，蒋介石握有军权相继得势，于是彻底背叛了孙中山"联俄联共、扶助工农"的方针。国共两党的第一次合作结果以 1927—1937 历时十年"剿共"而下场。全国到底杀了多少共产党人？别的不说，仅毛泽东一家就杀了五位亲人：爱妻杨开慧、两个胞弟毛泽民、毛泽覃和一个过继的堂妹毛泽健，以及三子毛岸龙。国共两党的第二次合作是 1937—1945 历时八年。合作的任务是进行八年抗战。合作的形式是将共产党所掌握的军队统一整编为"国军"第四军即"新四军"和"第八路军"。共产党于 1921 年成立，但掌握军队是 1927 年才开始。原因是自 1927 年"4·12"蒋介石以"清党"为名大举屠杀共产党人，逼得共产党举行"八一南昌起义"和"湖南秋收起义"，然后会师井冈山，才开始建立军队。可又有谁能够料到国共八年抗战的第二次合作，结果以 1946—1949 历时三年的内战而下场？

历史无情的告诫国人：国共两党合作一旦遇到政权之争时，"残杀"和"战争"就是历史。难道这两次的历史教训对国人还不深刻吗？难道中国人还不惜尝试第三次血的教训？难道第三次合作有胜过第一次孙中山在世之合作水平的可能性吗？必须指出：国共两党第三次合作统一中国，是中国最大的悲哀。

还有人认为中国应学习西方实现多党轮政，用资本主义的议会制统一中国。我们认为这也是一条邪路，至少是一条落后之路。

多党轮政外国的教训国人看不清，台湾的教训应该有目共睹。台湾现有 140 多个党，按这种水平发展十三亿中国人该有 8400 多个政党。政党争斗的斗力也应是台湾的 60 倍。那还了得，君没见台湾的立委会经常爆发的血案，台湾成天在选举，又能怎样？选了个李登辉既搞台独又搞垮了国民党；选了个陈水扁执政八年贪污超过八亿；如今选了个马英九，一个不贴锅的庸人又有什么大作为？

多党轮政到底有什么好处？

咱们退一万步讲，即使多党轮政的议会制再好，中国也没有必要去跟着别人的屁股跑，"吃别人嚼过的馍没有味道"。中国人上当还没有上够吗？共产主义本来不就是学习西方的东西吗？天阔地广，这么多国人难道就找不到一条新的正确的出路？难道中国人就找不到一条光明大路，让世界人民向中国学习一下吗？实践证明邓小平摸着石头过河设计的所谓"中国特色社会主义"几十年来没有一个国家学习跟进，所以我们必须寻求新的出路。这个新出路既不是自己走过的回头路，也不是别人走过的旧路。

要找到正确的出路，首先就得找准问路人。笔者为了寻找中国统一的出路，找准了两个问路人，一个是孙中山，一个是毛泽东。

孙中山治国的核心是"三民主义"，即"民族、民生、民权"。其中民权又是三民主义的核心和落足点。

毛泽东思想的精华之一就是他的《灭党论》，这是 1949 年 6 月 30 日毛泽东为纪念中国共产党建党 28 周年特写的文章《论人民民主专政》的精髓。原文如下：

"一九四九年七月一日这一个日子表示，中国共产党已经走过二十八年了。像一个人一样，有他的幼年、青年、壮年和老年。中国共产党已经不是小孩子，也不是十几岁的青年小伙子，而是一个大人了。人到老年就要死亡，党也是这样。阶级消灭了，作为阶级斗争的工具的一切东西，政党和国家机器，将因其丧失作用，没有需要，逐步地衰亡下去，完成自己的历史使命，而走到更高级的人类社会。我们和资产阶级政党相反。他们怕说阶级的消灭，国家权力的消灭和党的消灭。我们则公开声明，恰是为着促使这些东西的消灭而创造条件，而努力奋斗。共产党的领导和人民专政的国家权力，就是这样的条件。不承认这一条真理，就不是共产主义者。

没有读过马克思列宁主义的刚才进党的青年同志们，也许还不懂得这一条真理。他们必须懂得这一条真理，才有正确的宇宙观。他们必须懂得，消灭阶级，消灭国家权力，消灭党，全人类都要走这一条路，问题只是时间和条件。"

1921 年，当中国面临半封建半殖民地时，毛泽东指出："只有社会主义才能救中国"，中国确实被社会主义救了过来。可邓小平 30 年的改革，使中国由社会主义变成了资本主义，使中国共产党由无产阶级政党变成了资产阶级政党。2011 年，我们所面临的中国是一个半资本主义半分裂的中国。那么，怎么办？中国该向何处去？重回社会主义不可能也不应该，因为谁也无力回天，而且回天也属于倒退。

笔者自 2004 年开始，历时六年，在孙中山和毛泽东两位指路人的启迪下，终于找到中国统一的出路，那就是：消灭所有政党，统一中国，实现民权社会。

对于中国统一的出路，笔者想论证如下三大问题：

第一个问题：论消灭所有政党的必要性：

一、消灭所有政党是消灭世界大战的需要。政党是资本主义社会的特有产物，人类的其他社会不存在政党。资本主义社会的社会制度并非人类最理想、最合理、最高级的社会制度。特别是上个世纪短短的三十年间，人类在资本主义社会的历史时期发生过两次世界大战，谁也不可说"两次世界大战是社会主义时代打的"，特别是"二战"显然是"法西斯党"为主打的。社会发展的历史事实已经给资本主义社会制度判了死刑，迟早是要执行的。而要消灭资本主义的社会制度，关键是要消灭资本主义的政党制度和党文化。

二、消灭所有政党是保障民权的需要。因为所有政党人数的总和占人民的 10%都不到，这都属"一小撮"，结果一小撮人掌握国家政权，民权何在？任何政党的利益说到底都是集团的利益，所以任何政党的权力都不可取代人民的权力。只有国家的利益，才是全民的利益。

你知道"没有共产党就没有新中国"的由来吗？那是中国抗日战争后，蒋介石为了国民党永远执政中国，提出"没有国民党就没有中国"。接着共产党也跟着提出"没有共产党就没有中国"。并以此作歌唱。有一天毛泽东的小女儿李纳唱到毛泽东听到了，毛泽东说："这是错误的，中国几千年就有了，共产党才几十年？"于是毛泽东加了一个"新"字，才成了歌曲"没有共产党就没有新中国。"如今笔者总结孙中山的三民主义和毛泽东的灭党论特喊出："只有消灭所有党，才有民权之中国"。消灭所有党是检验是否民权的试金石。

三、消灭所有政党，是消灭内战的需要。中国的内战十年剿共，三年内战追根求源就是因为政党而引起的。至今海峡两岸还仍然炮口互对，不都是政党所引起的吗？只有消灭所有政党，才能从根源上消灭内战。

四、消灭所有政党，是消灭阶级斗争的需要。政党是阶级组织的最高形式，无论承认还是不承认，无论是一个阶级还是几个阶级，都是这样。人类社会阶级是永远消灭不了的。我们所要消灭的只是阶级斗争，而不是阶级。这正如人的种族是永远消灭不了的，我们要消灭的只是种族歧视。所谓阶级斗争即是以阶级的名义出现的斗争。政党存在就是阶级斗争存在的标志。因为只要有政党存在就党外有党，党内有派。这些党与党之间的斗争，党内派与派之间的斗争都属于阶级斗争。每当想一想当年那些党与党之间斗争所引起的内战，以及党内残酷斗争，无情打击降灾难于人间的历史情景时，我们对政党还有什么留念不舍？还有什么值得顽固到底？别看当今你凭着政党手中掌握了人民的政权，或许这些权力明天就会成为你子孙后代断头的祸根。

五、消灭所有政党是提高政府领导职能，发展生产力的需要。当今的中国从中央到地方，本来有各级政府领导人民就足够了，偏偏又多出一个同级的党委会，在哪里争权夺利，在哪里指手画足，相互扯皮，相互勾斗。既是惊人的浪费，又是严重的内耗。严重的阻碍了生产力的发展。例如一个管工业的副市长和一个管工业的副书记成天扯皮和争权夺利。

六、消灭所有政党，是消除历史成见统一国家的需要。由于政党的斗争，导致内战给中国人民留下的成见太深。要想统一国家，就得消除历史成见。否则，即使统一了国家也是人和心不合，也许还会分裂。要从根本上消除历史成见，只有消灭所有政党。因为一旦所有政党都消灭了，再深的成见都找不到发泄对象了。

七、消灭所有政党是实现国家长治久安，是实现社会从根本上稳定的需要。

当今社会有一种糊涂观念，认为"中国如果没有共产党将会大乱。""中国目前没有其他党可以取代共产党"。这种观念的产生，一方面是共产党自欺欺人并借以欺骗人民而造成；另一方面也是部分人民糊涂受骗信以为真而产生的。

其实，根本不是这种逻辑。聪明的人都知道：当今中国最大的
动乱隐患就是共产党的存在。

为什么这样讲？因为共产党已经在人民的心目中成了一个血债累累的党，无论怎样改善民生，人民都不会忘记数千万死去人民的累累血债，至少被饿死的四千多万人民是无辜的。

人民心目中的这种死结，也是共产党自己造成的。例如：共产党对文化大革命以"大政变"的手段镇压，首先在中央逮捕了"四人帮"，紧接着在举国上下镇压了一大批"三种人"，清除了一大批文革起来的干部，然后将文革定为"十年浩劫"和"严重内乱"。这些人自认为这样做，人民就会信认"共产党能自己改正错误，"于是他们都尽量把自己打扮成文革受过迫害的人，自认为人民就会拥护他们。谁知人民根本不吃这一套。人民说：得了吧！文革迫害比起饿死人算得了什么？你及其你的父辈在其他问题上仍是血债累累。

由于人民对共产党产生血债累累的心态死结，所以对共产党专制下的任何一届政府都失去信认。例如，胡锦涛政府全国

减免农业税，人民生活大部分也确有改善，按说应该拥护。但是只要一想起他是血债累累的邓小平隔代钦定的，就怎么也信认不起来。也就是说，只要共产党不消灭，无论共产党专制下产生什么样的一届政府，人民都会把它与血债累累的共产党联系在一起，人民对政府失去信认，这怎么能实现国家的长治久安和根本稳定呢？

中国目前的稳定是一种由镇压而产生的高压性稳定。谁不知镇压"六四"调动了几十万野战部队？谁不知1996年江泽民将14个军的野战部队改为武警部队？谁不知胡锦涛政府的维稳费用超过国防开支？这种稳定不是从根本上的稳定，迟早会出大乱，直至造反、内战、改朝换代之乱。

可以说，如果消灭了所有政党，社会不稳定因素就会从根本上消除。

为什么这样讲？因为消灭党以后，至少人民对每届政府再也恨不起来。对经人民自己选举产生的每届政府，即使人民有不信认的地方，顶多也只会让其任一届就下台，不让其连任。另一方面，既

使有恨政府的人，消灭了所有政党，也能使反政府的力量得不到聚集，这样政府就容易疏通。

细想一下，中国为什么长期不得统一？几千年的皇室宗亲都能有能力统一中国，为什么现代人还不如古人？其原因就是因为有政党在作怪。内战是政党打的，国家分裂是政党干的，如今不得统一也是政党干的。所以一句话：要想真正的统一中国，就得消灭所有政党。

第二个问题：论消灭所有政党的可行性：

一、毛泽东的灭党论为消灭所有政党奠定了理论基础。毛泽东在中华人民共和国成立之前就高瞻远瞩的讲到要消灭所有党，这不是骗人的，不可行他干嘛会讲？毛泽东讲得十分清楚：政党"像一个人一样，人到老年就要死亡，党也是这样。"这就是消灭政党的"时间"的理论基础。任何一个政党也就像一个人一样几十年的光阴，时间长了任何政党都

会腐败，腐败了就得消灭。中国共产党如今已经90高龄了，已经腐败得不像样子了。

毛泽东又讲到："共产党的领导和人民专政的国家权力，就是这样的条件。"——这就是共产党消灭"条件"的理论基础。这两个条件中国都满足：①中国仍然是共产党领导。也就是说共产党的消灭只能在自己手中还掌握政权的情况下，自行建立健全一套没有政党的国家政权体制，随之自行宣布消灭，才对社会发展有价值。否则就失去共产党成立的意义，因为共产党成立的目的不是为了祖祖辈辈掌握国家政权的，而是为了消灭资本主义社会制度下的党天下。世界上原有的十三个社会主义国家的共产党大多数被人民赶下了台，例如罗马尼亚，还把共产党的总书记给杀掉了。那么这种共产党的消灭就失去成立共产党的价值。②第二个条件也完全满足，中国仍然是人民专政的国家权力。所以说中国共产党消灭的条件已经完全满足。如果有一个政党主张把世界上的所有政党都消灭了以后自己再消灭，那么，这个政党则是世界上最坏的政党。

对于当今的中国共产党，有人主张自我改造；有人主张让其分裂成立新党，这都是下策。上策就是趁手中有权，带头消灭所有党。

二、历史告诉我们，消灭所有政党是可行的。

中国历史几千年，有政党存在不到一百年。中国之所以有政党，完全是向外国学来的。国民党是孙中山留学日本学的；共产党是学的苏联，而且中国的党要比外国的党晚一百多年，在中国人自己的历史上，党一直是"孤朋狗党"和"结党营私"之意。难道这样的历史还不足以告诉我们消灭所有政党是可行的？难道我们当今的各级人民政府还比不上古代的皇室宗亲？

三、社会实力告诉我们，消灭所有政党是可行的。

难道90%以上的非党人，就只能永远甘心情愿的接受党人的统治？办法很简单：就让现存的人民政府来牵头，只要能制定一个新宪法，新宪法能明文规定："所有党人、所有教徒一律不得从政。"就能解决大问题。对于第一届政府只需要摘掉重帽，例如，国家主席、总理、省长、市长依次不再戴总书记、常委、副书记等重帽。只要能保证以后的各届政府不再有党人和教徒参政就行了。只要能这样，所有政党和宗教组织都会自讨无趣自行解散，因为他们成立的目的就是为了从政和参政的。若有继续玩政党和宗教者，只要不允许从政也无妨。

四、文化大革命的实践告诉我们，消灭所有政党是可行的。

中国历时三年的文化大革命，从一开始中央就下文，全国所有的各级党组织一律停止党的生活，各级党委都瘫痪了，解散了，党员也停止了发展。社会上也没有其他任何新的政党成立。其间毛泽东还发动亿万人民都起来造反，中国不是照常过来了吗？这不就是消灭所有党的社会实践吗？有人会说："文革三年党中央一直存在。"难道现存的从中央到地方的各级人民政府还比不上几十个人的一个党中央？

五、抽签的方法告诉我们，消灭所有政党是可行的。

有人担心："没有政党了，国家干部的候选人无法确定。"解决这个问题太简单了，抽签是最公平、科学、稳妥之方法。事先规定好干部候选人的条件，例如：年龄要多大；文化程度要多高；必须具备在下一级领导岗位上从政五年以上的成功经验；必须非党人非教徒……然后发动自愿报名。在符合基本条件自愿报名的基础上，采用抽签确定候选人名单。然后实行全民公投的差额选举。不要以为缺了谁地球就不转了。如果有人服天意，抽签就是天意。公投则是民意，这就叫天意民意相结合。当今联合国的主席就是按英语字母轮流、抽签比轮流更具欢乐趣味，只是极少数抽签不中者悲，大众欢乐。

第三个问题：论人类未来社会的重新设定。

关于人类的未来社会，西方人设计的共产主义社会，在人类完全行不通。现存的资本主义社会又不是人类最理想的社会。那么该怎么办？

有人主张在原有社会制度基础之上修修补补，这是不科学的。因为社会制度也象一般事物一样，修补不如更新，越修补越破烂。例如"中国特色社会主义"就是如此。还有人主张长期复辟资本主义，直到永远。这更是无作为的。因为世界大战已经给资本主义判了死刑。所以人类要重新设定未来的社会制度。

一、孙中山的"三民主义"为人类的未来社会设定奠定了理论基础。

所谓"三民主义"指"民族、民生、民权"。民族是国家政权的基础，民生是人类生存的基础，民权是其上层建筑。我们认为人类的未来社会既不是共产主义社会，也不是资本主义社会，而是民权社会。

二、衡量民权社会的主要标准：就是看是否消灭了所有政党。人类的封建社会是"皇权"的社会，人类的资本主义社会是"党权"的社会，所以只有消灭所有政党，才能进入民权社会。

三、人类的"民权社会"不同于所谓的"民主社会"。所谓民主社会只是指人民能够自由的发表自己的主张，但政权仍然在别人手里。例如英国王权国；日本皇权国；美国、中国的党权国都说自己是民主国家。其实没有一个是民权国家。

四、"民权"与"人权"是有区别的。"民权"是指人民的整体之权，而人权是指每一个人的个体之权，这就是民权与人权的本质区别。

五、民权社会怎么实现？

过去西方人设计"共产主义社会"时，马克思主义讲：要靠全世界无产者联合起来，用暴力革命摧毁所有旧世界而实现。实践证明行不通。我们认为，人类民权社会的实现，只需要人民觉悟程度不断提高，水到渠成会自然实现。因为"民权社会"的实现不需要把旧世界"打个落花流水"，只需要利用宪法保证"政教分开"和"政党分开"。一定要是真正的分开，而不是当今社会的假冒分开。什么叫真正分开？就是用宪法明文规定：凡教徒和党人一律不得从政。只要不准党人和教徒从政参政，政党和宗教就会自行消亡，不消亡也无妨，根本不必镇压，仍然可让其自由发展。对比一下"旧社会打个落花流水"与"制定新宪法"，显然后者容易得多。中国的文化大革命又一次给人以启迪：想当年千千万万个造反组织，有的组织人数达数百万人，手中还掌握了武器，就凭毛泽东一声号召"实行革命大联合"，于是不到半年，全国千千万万的造反组织都全部自行解散了。难道要拒绝占人类 10%以下的党人和教徒于国家政权之外，人类社会就办不到吗？一旦真正实现了"两个分开"，立即就可以宣布进入民权社会。

总之，中国的分裂越来越严重。 据 2011 年 2 月 6 日《世界周刊》公布：不承认自己是中国人的，台湾人由 1992 年的 17.6%，上升到 2010 年的 54.2%；香港人由回归时的极个别，上升到 2010 年底的 36%。这主要是国家统治者造成的，例如：台湾明明已事实独立，可统治者偏说已九二共识。中国的统一，除毛、周、朱有所作为外，以后的各 代都毫无作为。以后的统治者有谁把统一国家真正列为已任？他们想的是：维持政权，甚至怕统一后要多党轮政而丧失政权；多捞点钱；搞点理论，以写进宪法流芳千古，搞两届把分裂的烂摊交给接班人。国家没有统一，何谈昌盛？统一就是最大的昌盛。

第五章：邓小平其人

第一节：邓小平小档案

邓小平，童名邓先圣，学名邓希贤，1904 年 8 月 22 日出生于四川省广安县一地主家庭。

1920—1926 年在法国从事勤工俭学，其间 1924 年入党。

1926 年在苏联东方大学和中山大学学习马列，与蒋经国同班。

1927 年在冯玉祥部下任职。

1928 年任上海中央秘书半年。

1929—1930 年任广西前敌委书记，发动"白色起义"。

1931 年任瑞金县委书记。

1932 年任江西省委宣传部长。

1933 年任红军总政治部秘书。1934 年参加长征任中央秘书。

1935—1936 年任红一军团政治部主任。

1937 年任八路军政治部副主任。

1938—1942 年任八路军 129 师政委。

1943 年任中央北方局书记。

1945 年任中共中央委员，晋冀鲁豫中央局书记。

1946—1948 年任中原局书记，中原野战军政委，淮海战役前委书记。

1949 年任第二野战军政委。

1950—1951 年任西南军政委员会副主席。

1952—1953 年任政务院副总理。

1954—1955 年任中央秘书长，政治局委员。

1956—1966 年任中央书记处总书记，政治局常委，中央一线领导负责人。

1966 年文革被打倒。

1969—1973 年在江西省新建县工厂做工。

1974—1975 年任中央副主席，国务院副总理，军委副主席。

1976 年"天安门事件"再次打到。

1977 年十一届三中全会官复原职。

1978 年任中央副主席兼全国政协主席，军委副主席。

1981—1989 年任中央军委主席，中央顾问委员会主任。

1990 年"六四"后辞去中央军委主席。

1992 年南巡。

1993 年挂名《邓小平文选》（共三卷）主编。

1997 年逝世，终年 93 岁。

邓小平配偶三人：张锡媛、金维映、卓琳。

第二节：踩着高岗的人头往上爬

我们从邓小平的档案中就不难发现：邓小平爬得最快是 1952—1956 四年，由一个"西南军政委员会副主席"爬到"中央政治局常委"。连升三级：副总理→政治局委员→常委。四年连升三级在中共党史上几乎是罕见的。四年内邓小平升为政治局常委，他到底在党内立下什么汗马功劳呢？——原来邓小平是踩着高岗的人头爬上来的。

高岗是延安老革命根据地的创始人之一（还有刘志丹、习仲勋），是国家副主席之一（还有朱德、刘少奇、李济琛、宋庆龄、张兰），特别值得肯定的是抗美援朝时高岗兼任东北局第一书记领导大后方成绩显著。曾有传闻说高岗曾受到毛泽东的青睐，准备作接班人的。为什么会于 1954 年自杀身亡？原来是邓小平出于嫉妒一手造成。邓小平 1954 年元月被任命为"反高饶斗争领导小组组长"。也就是说处理高岗的材料是邓小平一手整的：说"高岗反对毛主席，高岗在东北从来不宣传毛主席，只宣传他高主席，东北人很少有人知道毛主席"；说"高岗反对刘委员长，刘少奇一无战功，二无能力，凭什么当上中央副主席，我高岗最瞧不起这样的人"；说"高岗就是想篡夺周恩来政务院总理之位。"按说，哪有东北人不知道毛主席这样的事；高岗瞧不起刘少奇是真；政务院总理比高岗国家副主席职位还低呀！可是偏偏毛泽东、刘少奇、周恩来都相信了邓小平的离间之言。把高岗和饶漱石（中央组织部长）定为"反党集团"。历史上任何一个"反党集团"都有一定的"事件"或"事实"，唯有"高烧反党集团"仅凭一些诽言。想调整职务又何罪之有？

1954 年 2 月 6 日—10 日由刘少奇主持的七届四中全会专门处理"高饶事件"。毛泽东没有出席，大概为亲信的人遭处理而难受吧。1954 年 4 月 27 日邓小平被任命为中共中央秘书长，兼中央组织部长（原饶之位）。

在绝望之下高岗在家里触电自杀未遂，于 1954 年 8 月 17 日在东郊民巷八号住所再次吞服大量安眠药自杀身亡。饶漱石被捕，于 1975 年死于狱中。

高岗死后一个月，1954 年 9 月 28 日邓小平被任命为中央军委委员。1955 年 4 月 4 日中央七届五中全会追任开出高岗的党籍；同是七届五中全会邓小平被升任为政治局常委兼中央书记处总书记。

——只要熟悉中共党史的人，说"邓小平是踩着高岗的人头爬上来的"不过分吧？

值得提及的是：邓小平连高岗的亲密战友习仲勋也不放过。为什么邓小平不放过习仲勋呢？也主要是出于嫉妒。1946 年习仲勋只有 33 岁，就任第一野战军政委（彭德怀为司令员），1949 年习 36 岁任西北局军政委员会主席。此时邓小平 45 岁担任西南局军政委员会副主席。即邓大习 9 岁，职务反而低半级。1952 年习邓同时进京。习仲勋被撤职，很值得怀疑是否与 59 年饿死人有关？1962 年刘邓趁毛泽东退居二线之机，利用"习仲勋支持反党小说《刘志丹》事件"，召开中共八届十中全会，撤销了习仲勋党内外一切职务，习时任中央委员、国务院副总理兼秘书长。撤消副总理这样的职务，一定是中央常委干的，组织部长就没有这个权力。当时没有"纪委"，处理习仲勋的材料又是中央书记处邓小平一手整的。而且毛泽东有证词："59 年以来，邓小平有事都不找我，六年不向我回报工作。"也就是说处理习仲勋是刘邓负责中央一线领导时干的。刘邓于 1965 年调习仲勋离京赴河南洛阳矿山机器厂任副厂长。习仲勋文革中遭到批斗，但自 1968 年 1 月起，经毛泽东、周恩来授意，习仲勋被北京卫戍区长期监护。

第三节：有意存粮不开仓，饿死农人四千万
——用《基因哲学》认识中国"饿死人"

关于中国饿死人，近期人类社会已经开始对这一中共"禁区"进行了研究。例如较闻名的专著有英国记者贝克 2005 年写的《饿鬼》，还有原新华社高级记者杨继绳 2008 年所著的《墓碑》。最引人注目的一本书是 2011 年出版的中共党史，也有十多万字是涉及饿死人的。《饿鬼》曾获得荷兰人权奖。本书只想讲明六个问题：

一、饿死人的时间、地点、和数量。

二、饿死人原因和两种不同时代的假象。

三、饿死人的前后经过。

四、饿死人中央常委罪责研究的报告。

五、关键凭证和史料。

六、为何说《党史》是一本《党屎》？

一、饿死人的时间、地点和数量

饿死人最集中的时间是 1959 年冬至 1960 年春冰封大地的时候。所谓"三年自然灾害饿死人"这完全是官方语，或者说这是中国的统治者和媒体所用的语言。而中国的老百姓，特

别是中国的农民从来都是讲："1959 年饿死人"或者讲"59年饿死人"。农民这种讲法是抓住了本质之本质的，意思是"自 1959 年冬开始的饿死人"，这就是"本质"。而"本质之本质"则是 1959 年是刘少奇任国家元首，邓小平任总书记。官方所谓的"三年自然灾害饿死人"这完全是糊弄老百姓的。人类历史以来，哪有自然灾害能连续三年时间的？他们这样讲，无外乎时间说的越长，问题就显得越模糊；另一方面如果要计算"平均每天饿死多少人"，三年就比三个月要缩小12 倍。

《基因哲学》认定中国大量饿死人的时间是：1959 年的 12 月至 1960 年的 1，2 月。

有人会说，明明 1961 年还有饿死人。那是何该！因为一年前已经大量饿死人，为什么还不采取措施？比喻留足口粮、多备点代食品，诸如花生叶、红薯叶、芝麻叶和各种草之类等。再说自 1960 年 9 月毛泽东得知中国大量饿死人之后，已经召开常委会决定了 "开仓赈灾" 。所以说 1961 年饿死的人，可以忽略不计。如果要计，62 年、63 年、…哪一年都有人饿死，难道可以说成 "四年" 、 "五年" …吗？

饿死人的地点：饿死人遍及全中国农村。以河南、四川、湖北、安徽、湖南、广西等省最为严重。

关于饿死人的数量。

——即中国到底饿死了多少人？这是一个很值得研究的问题。

《饿鬼》一书中写道"60 年 1，2 月饿死 2.5 千万，加上前后饿死的人至少三千万。"《墓碑》一书也是估测三千万。

于 2011 年 1 月 11 日出版的中共《党史》记载有："1960 年全国总人口比上年减少 1000 万。"于是各大报纸都千篇一律的刊文道："这是中共首次承认三年自然灾害饿死一千万人。"例如，《世界日报》、《星岛日报》、《大纪元时报》等。于是 2011 年 2 月 10 日中共党史研究室副主任章百家忙出面辩解道： "这个 1000 万包括正常死亡，也包括非正常死亡。" 还辩解道："至于三年间非正常死亡人数，研究这个问题的学者各有不同说法。因找不到权威数据，最后还是决定按《中国共产党的七十年》一书的表述。"于是便风平浪静。

天啊！真是天大的笑话："比上年减少的人数"与"饿死的人数"这两个数的概念根本不同，连小学生也能弄清楚，为何这么多报社的主编以及主编《党史》的官员竟然连小学生都不如呢？既然不花功夫去调查统计，至少也得学好小学算术呀！特别是编写《党史》哪能够这么不负责任？这么大的事，既然有悬殊和争议，为何不调查统计，而只是抄书？

按说要作这个专项调查和统计并不难，因为这是发生在共和国第一代人和第二代人身上的事，虽然第一代人已基本死绝，但第二代人绝大多数还健在，除极个别第二代人的叛徒去做邓小平的徒子徒孙变成第三代和第四代人外，相信绝大多数第二代人在这个问题上是会实事求是的。可以说有一个星期就能完成的调查统计，因为当年被饿死的人其家人、亲友或同生产队的人一定有人健在，只要央台一广播，限指定时间由农村行政机构登记统计就能完成。若没有搞统计的活动费用，甚至还可以按登记人头收取登记费，以解决。为了给饿死的人存档纪念，这个登记费是不难收取的。只统计存档五项：被饿死人的姓名、性别、死时年龄、住址和饿死的时间。

关于中国饿死人的数量各书的记载都只有结果数据，而无推算过程。笔者是一个教高中数学三十余年的老师，这里想给出推算过程。

①推算依据：国家统计局公布的每年的年底总人口。

1957 年—6.15 亿

1958 年—6. 6 亿

1959 年—6.7 亿

1960 年—6.62 亿

②先弄清如下数的概念："死亡人数"、"出生人数"、"减

少人数"、"增加人数"、"饿死人数"、"多死人数"、"少生人数"

③弄懂这些数的关系的几个基本算式：

减少人数=死亡人数—出生人数

      或者减少人数　=去年人数—当年人数

      增加人数=出生人数—死亡人数

      或者增加人数　=当年人数—去年人数

      比上年减少人数≠正常死亡+非正常死亡

      比上年减少人数≠当年死亡人数

④值得引起世人重视的两个数字：一是60年比上一年减少的人口应是6.7-6.62=0.08亿 即800万；而不是1000万。二是大跃进之年 1958 年比上一年增加的人口数是：6.6-6.15=0.45亿 即 4．5千万。仅凭这个数字就能足以说明："饿死人怪大跃进" 是荒唐的。

略有知识的人都知道：中国文革前的十七年又分两个阶段，第一阶段为毛泽东当国家主席 1949—1958 的十年；第二阶段为刘少奇当国家主席 1959—1966 的七年。毛泽东当国家主席的十年，中国人口增加6.6—4.5=2.1亿，其中4.5亿为中华人民共和国成立时的总人口，也就是说平均每年增加 2.1 千万人。

⑤60年饿死人的推算：60年在正常情况下应比上一年至少增加4.5千万，结果没增反而减少0.8千万，即差距5.3千万。造成这个原因由"多死"和"少生"构成。虽然"少生"也与饿死人有关，但必然属于间接而不是直接的饿死人。所以可以取一半认定即2.65千万为1960年"饿死的人数"。

⑥同理可得：1959 年饿死的人数为 3.5÷2=1.75 千万。其中的 3.5 为本应增加 4.5 千万，结果只增加 1 千万。

综上，在国家尚未正式调查统计的情况下，可以认定饿死人的数量为 1.75+2.65=4.4 千万。而第二次世界大战全世界死

亡总人数为 5.5 千万，中国饿死的人几乎接近这个数字。这个数量虽说不具权威，但是有说服力。据推算过程可知，也许实际饿死人的数量比 4.4 千万还要大。

在研究饿死人的数量时决不可"以点推面"。例如，笔者所住的生产队共 140 多人，包括笔者的二哥在内共饿死 10 人。若照此比例推算，全国五亿多农民饿死人数量应为 5 亿×1/14=0.36 亿 即 3.6 千万。这只能说明本生产队饿死人低于全国平均线。

又如：河南许昌。当毛泽东得知中国大量饿死人的消息后，于 60 年 11 月到南方去了解民情。其间毛泽东听取了河南许昌地委书记纪登奎的汇报："全地区四百多万人口，饿死了七八十万…"，毛泽东听后说："讲真话很好。小纪，今后我们两个就是好朋友了。"果然后来文革时毛泽东点名调纪登奎进京任政治局委员。若按许昌的比例推算，全国至少饿死 8 千万以上。其实这只能说明许昌饿死人高于全国平均线。

在研究饿死人的数量时，有两个数据必须重视：一是大量饿死人的时间到底持续多少天？二是每天平均到底饿死多少人？①大量饿死人的时间至少持续 90 天，即 1959 年的 12 月—60 年的 1、2 月。②大量饿死人时平均每天饿死的人数超过 30 万人。相当于二战时美国在日本投下两颗原子弹死亡总人数的 1.5 倍。奇怪的是：当年中国历时三个月以上，每天平均饿死 30 万人以上，可北京的中央却是静悄悄。

写《党史》绝不能搞双重标准。当今的假共产党尽量往毛泽东身上泥屎；尽量往邓小平身上贴金。对毛泽东是成绩尽量否定，问题尽量夸大；对邓小平是成绩尽量吹捧，问题尽量封锁。例如，对反左、大跃进、和文化革命全盘否定；对饿死人、镇压文革和镇压六四是尽量封锁。

二、饿死人的原因和两种不同时代的假相

饿死人的原因可以概括为：刘邓政府有意"存粮不开仓"。

由于浮夸风产量报的高，刘邓政府就收购的多。当时的粮食政策是："统购统销"——只对农民统购，只对城镇人口统销。政府把农民的口粮和种子都收购起来了。国家仓库装不下，就借用老百姓的民房装，离笔者家不足三里的姜家湾当年就把村民全部迁走，让国家装粮。到59年冬天—60年春，冰封大地时，种粮的人手中无粮大量饿死。这么大的事各省怎敢不向中央反映？可反映到中央一线领导那里，毫无动作——至今查不出有任何一次会议，任何一个文件是解决饿死人的。刘邓政府就是这样，存粮不开仓，见死不救，封锁消息，让中国大地每天以 30 万以上的数字饿死人。

第一种假相：指六十年代中共在饿死人之后解释的假相。中共解释为：①自然灾害；②苏联逼债；③大跃进浮夸。为什么说这是假相？

①自然灾害是假。据国家气象局统计显示：59—61 三年根本不存有全国性的超历史的自然灾害。请看下列事实：

1）根据邓小平 1978 年 11 月 10 日在中央工作会议上的讲话可以证明。邓小平讲："一九五九年的粮食产量仅为三千四百亿斤，比一九五八年的实际产量四千亿斤减少了六百亿斤，而当时却被估计为五千四百亿斤，由于估计偏高，当年征收粮食反比上年增加一百七十三亿斤，达到一千三百四十八亿斤，超过实际产量的三分之一。一九六零年的粮食产量进一步降为二千八百七十亿斤，比一九五九年的粮食产量又减少了五百三十亿斤，跌落到一九五一年的水平。"

2）根据国家统计局公布的数字

年度	实际产量	与上年对比	出生率	年底总人口	当年人平粮
1957	3700 亿斤		15.89%	6.15 亿	602 斤
1958	4000 亿斤	增产 300 亿斤	18.38%	6.6 亿	606 斤

1959	3400 亿斤	减产 600 亿斤	10.19%	6.7 亿	507 斤
1960	2870 亿斤	减产 530 亿斤	4.57%	6.62 亿	433 斤

说明：

1.以上数字均为毛粮，即为稻谷而不是大米。

2.邓小平讲 1959 年国家收购的粮食超过实际产量的 1/3。具体到有些地区达到 90%以上。岂能过冬不饿死人？

3.粮食产量的实际数字无情的说明：1958 年大跃进之年是粮食产量最高之年；自 1959 年 4 月 27 日刘少奇任国家主席以来，粮食产量逐步下降。

4.说明中国饿死人是有粮而饿死人：即使 58 年大跃进把库存的粮食全部吃光了，那么仅 1959 年实际产量也有人平 507 斤，怎么会饿死那么多人呢？

5.1959 年国家收购 1348 亿斤，当然国家粮仓装不下。当年城镇人口只有 1 亿人，用 500 亿斤，应还结余 848 亿斤。

6.1959 年农民用粮：3400-1348=2052 亿斤，当年 5.7 亿农民，人平毛粮只 359 斤。说明全国所有农民平均缺粮 3—4 个月，冬天雪地岂能不大量饿死人。

7.如果开仓赈灾：848-83=765 亿斤（83 亿斤为当年出口）765/5.7=134 斤，全国农民人平 134 斤粮食过冬决不会饿死人。

②苏联逼债是假。证明史实如下：

1）1959 年 10 月苏共中央总书记赫鲁晓夫亲自率代表团来中国参加中华人民共和国十周年大庆。

2）1960 年 10 月毛泽东亲自到苏联驻中国大使馆出席"十月革命"纪念日。

3）1960 年 11 月中共中央派代表团出席在莫斯科召开的 81 国共产党、工人党会议。

　　4）1961 年元旦中共中央给赫鲁晓夫发贺电，极力称颂他的领导。

5）1961 年二月赫鲁晓夫主动提出借给中国一百万吨粮食和五十万吨古巴蔗糖。

　　6）1961 年四月赫鲁晓夫表示：苏联同意在 155 个未完成项目中，继续帮助建设 66 项。

　　7）1962 年 10 月 14 日赫鲁晓夫率领苏共全体政治局委员为即将离任的中国驻苏联大使刘晓举行热情的欢送宴会。

　　8）1962 年 10 月 20 日中印发生边界之战，苏联支持中方。

　　③大跃进浮夸，这只是饿死人的间接原因。而决不是直接原因。

第二种假相就是当今的人类社会对中国饿死人认识造成的假相：㈠中国饿死人完全是毛泽东搞大跃进造成的。

㈡刘少奇在中国大量饿死人之后，临危出阵任国家主席，砍掉两千合作社，实行"三自一包"，拯救了中国。

㈢恰当刘少奇、邓小平刚把国民经济抓得好转，毛泽东又发动了文化大革命。

其一，1958 年中国搞大跃进，全国"吃饭不要钱""三菜一汤"根本无一人饿死。其二，刘少奇任国家主席，实际上是 1958 年底 11 月 28 日于武昌举行的中共八届六中全会上，就通过了《同意毛泽东同志提出的关于他不做下届中华人民共和国主席候选人的建议的决定》，确定刘少奇做国家主席候选人。于 1959 年 4 月 27 日全国人大二届一次会议上，刘少奇正式当选为国家主席。怎能说是 "饿死人之后" 呢？

八届六中全会还决定，中央领导分一线与二线，中央一线领导由刘少奇、邓小平负责，毛泽东退居二线，专心著作。

也就是说饿死人是刘少奇任国家主席一年之后才开始发生，并且整个饿死人的几年完全是刘少奇、邓小平负责中央一线领导期间发生的，怎么会出现如此假相？

笔者研究"墓碑"一书才有所发现：此书一方面认定"饿死人是毛泽东搞大跃进造成的"；另一方面又强调"中国大量饿死人，不是没有粮食，而是有大量存粮"。"经查粮食部的资料证实：1959 年 11 月中国库存粮食为 887 亿斤，到 1960 年 4 月饿死人最严重的时候，当时中国粮库的存粮仍有 403 亿斤。但当局并没有将库存粮食拿出来救灾。"

这两点就自相矛盾了：既然 1959 年饿死人时仍有 887 亿斤存粮，那么饿死人就不怪 1958 年搞大跃进了。

再者就是《墓碑》一书中说："监察部门报告递到国务院秘书长习仲勋手里，习递到周恩来手里，然后递到毛泽东手里。可是毛泽东说：这是九个指头与一个指头的问题。"——原来作者的结论"饿死人是毛泽东搞大跃进造成的"就是这样得出的。

这个反映问题的渠道：监察部门→习仲勋→周恩来→毛泽东。与笔者调查所得反映问题的渠道：各省委省政府→中共中央书记处邓小平→刘少奇也有出入。——①监察部门的职责与反映饿死人的情况几乎无关。②习仲勋当年任副总理兼国务院秘书长，当年是中共中央书记处统管国务院，仅 59 年周恩来前往书记处向总书记邓小平汇报工作有记录的就多达 14 次，其中大多数都是与习仲勋一起去汇报。③59 年—60 年毛泽东受中央委托整理毛选第四卷。④ "这是九个指头和一个指头的问题"，毛泽东讲这话是针对大跃进，而不是针对饿死人。"中国共产党里，好人早都死完了，现在剩下的都是些行尸走肉。"这才是毛泽东知道饿死人时讲的。如果《墓碑》的作者 1961 年是共产党员，他就是一个行尸走肉。

其三，所谓"刘邓刚把国民经济抓得好转，又被毛泽东搞文革破坏"，这是不理解："文革"正是对"饿死人"的处理。笔先因为铁的事实是：刘邓一线领导 1959—1965 七年间是中国经济发展最慢的七年。其次，中国长达三年的经济瘫痪，纯属刘邓存粮不开仓，饿死三千万人造成。

当今有一种假相解释：是因为大办钢铁，把锅都砸到炼铁了，把树都砍光炼铁了。这显然是假相。砸锅炼铁的恶作剧者必然极个别。饿死人不怪无锅无柴，而是无粮无米。为什么说三年的经济瘫痪，是59年饿死人造成？众所周知，旧社会有多少人为了安葬父母，借的债一辈子都还不清。中国被饿死的三千万人，有作者书中写道"人吃人"，这有也是万分之一，绝大多数死人还是被安葬的，而且当时没有火化，一个国家安葬三千万人，经济能不瘫痪吗？

笔者全家都差一点饿死，一是把20斤的小猪和下蛋的母鸡杀掉吃了；二是把祖传下来的整米的櫋子毁了，把櫋齿里面藏满的谷子弄出来吃了，有的谷子还是清朝年间的；三是多次深夜到田间偷豆苗、麦苗回家煮着吃，这样才活下来。二哥之死，笔者亲自参加了砍树做棺木，共砍了几十棵树。

可想而知，全中国做棺木砍了多少树？为了活命杀了多少小猪和母鸡？吃了多少田间的青苗？……这怎么不够造成三年的经济瘫痪呢？

总之，中国饿死人的原因主要在于"刘邓政府存粮不开仓"。刘邓的心态是：借以毛泽东搞大跃进饿死人，从而逼迫毛让出党主席之位；借以搞社会主义饿死人，从而复辟资本主义。这也正是毛泽东发动文革打倒走资派的动机。

三、饿死人的前后经过

1956年，中国顺利的完成了工商业的改造。

1957年，中国搞了一场反右运动。反右运动也有其对的一面，因为当时确实有人主张"多党轮政"。例如罗隆基、章伯钧等。但邓小平任"反右前线总指挥"，直至扩大到"大学生中揪右派"，"全国上下揪右派"。后来毛泽东发现搞扩大化了，已经给予了纠正，并把反右列为人民内部矛盾，由五类分子变成四类分子。

1958年的大跃进，实际上就是以经济建设为中心，赶超英美。大跃进不光是指"大办钢铁"，而是各行各业都在大跃进。大跃进不是孤立的，它是"三面红旗"其中的一面。

关于三面红旗的由来：所谓"三面红旗"指总路线、大跃进和人民公社。

总路线是 1958 年 3 月，毛泽东在成都会议上提出："鼓足干劲，力争上游，多快好省地建设社会主义"的口号；5 月份，党的八届五次会议通过，所以作为建设社会主义的总路线。

大跃进是群众提出来的。1958 年 5 月，毛泽东和周恩来在一次会客后，周恩来对毛泽东说："现在，有人提出大跃进口号，我看这个提法很好。"毛泽东听后说："噢，大、跃、进？"周恩来说："对，他们搞了个大跃进，今天《人民日报》登了。"（当时邓拓任人民日报主编）毛泽东说："我还没看到么。"周恩来立即吩咐工作人员拿来了人民日报，看完那份报纸，毛泽东在报纸上批示到："提法很好。"从此"大跃进"作为中国人民搞社会主义建设赶超发达国家"飞越前进"的代名词。

人民公社也是人民群众的创举。是河南省七里营最早成立的人民公社，毛泽东听到汇报后，便亲自到河南省七里营人民公社去参观，当他听到介绍后，非常激动，给予充分肯定。

毛泽东兴致勃勃的说："人民公社好。"第二天，《人民日报》便以"人民公社好"为标题登出来了，毛泽东发现后不禁失声喊道："哎呀，糟糕，政治局还没讨论呢，捅出去了。"不久，在北戴河召开的政治局扩大会议，讨论人民公社问题，与会者一致同意办人民公社。于是，大办人民公社的决议就这样确定了。

这就是 1958 年的"三面红旗"的由来。尽管大跃进和人民公社不是毛泽东提出的，但毛泽东始终的态度是支持新事物，支持在社会主义建设事业中人民群众的积极性和创造性。

在 1958 年大跃进的年头里，毛泽东当年已是 65 岁的人了，仍然跟全国人民一道"鼓足干劲"，他日以继夜的工作，不是开会，就是批文件，还经常深入工厂、农村。

由于各级领导干部跟毛泽东报喜不报忧，也把毛泽东弄得飘飘然。今天跑到这里对群众讲："粮食多了吃不完，可以煮酒熬糖。"明天又跑到那里对群众讲："粮食吃不完，社员可以少生产多休息，多学习文化多娱乐。"

值得提及的是 1958 年大跃进的年头里，刘少奇、邓小平也是大跃进的鼓吹者。邓小平这个总书记又多了一个头衔："大跃进前线总指挥"，这就可想而知了。

刘少奇鼓吹大跃进，一直鼓吹到"狗肉汤"的程度。什么叫"狗肉汤"程度呢？

关于"狗肉汤"的典故：

"狗肉汤"的典故来源于公元 1958 年中国的大跃进。大跃进的主流是站起来的中国人实现了生产资料公有制改造之后，为了赶超发达国家，兴起的一场工农业大生产之运动、广大的人民群众以饱满的热情和忘我的劳动投身于这场大生产运动。可是有些别有用心的人专门搞一系列恶作剧，以虚假风、浮夸风、共产风为主要内容。

话说 1958 年 8 月 10 日，时任中共中央副主席兼全国人大委员长的刘少奇去河北省徐水县视察，见那里用芝麻油、葡萄糖、狗肉汤灌庄稼，不但没有制止，反而指示说："那你们可以多养狗嘛！狗很容易繁殖嘛！"时任《人民日报》总编的邓拓为了吹牛拍马，于 1958 年 9 月 1 日在《人民日报》上郑重其事的向全国介绍《狗肉汤的威力》。文章说："徐水县的一亩山药（土豆），已浇灌了四条狗的肉汤，看来产量会直上云霄。"这就是"狗肉汤"典故的来源。"狗肉汤"是刘少奇知识水平和道德标准的集中体现。旧社会的仕大夫常把麦子当韭菜，麦子与韭菜却有相似之处。真没想到共和国的刘大委员长连用芝麻油、葡萄糖、狗肉汤浇灌庄稼，就看不出是恶作剧。

自从有了"狗肉汤"的典故之后，于是"狗肉汤"成了"无知"的代名词，成了"乱弹琴"的代名词，成了"弄虚作假"、"吹牛拍马"的代名词，……啊！"狗肉汤"，又是"狗肉汤！"

　　说时迟来时快，《狗肉汤的威力》确实大，半年之后，即 1959 年 4 月 27 日，"狗肉汤"正式当上了国家主席。如此的"狗肉汤"当主席，中国能不大量饿死人吗？果然刘少奇任国家主席一年之后，中国饿死国人四千万。

　　值得提及的是：《人民日报》应为大跃进中出现的浮夸风、虚假风、共产风负主要责任。试看：五八至五九年全国性的浮夸风、虚假风、共产风到底是怎样形成的？为什么会普及全国？是什么人搞的？

　　一九五八年七月十三日《人民日报》社论发出了这样的豪言壮语："只要我们需要，要生产多少就可以生产出多少粮食来。"

　　一九五八年八月三日《人民日报》社论特别解释"7·13"社论："地的产是人的胆决定的。人有多大胆，地就有多高产。人是条件的主人。"

　　一九五八年九月二十二日《人民日报》报道："青海间什刻农场水稻亩产十三万斤。"

　　毛泽东在一九五八年底已经发现原来全国性的浮夸风、虚假风、共产风是《人民日报》煽动所致。于是建议第一线领导刘少奇、邓小平处理《人民日报》总编辑邓拓及新华社社长吴冷西。毛说他们是："打着红旗反红旗"。结果直到一九五九年春，刘少奇、邓小平把"打着红旗反红旗"的邓拓调进北京市委彭真那里去任书记处书记，实权更大了。刘、邓对邓拓不是处理，而是极力庇护。邓拓成了邓小平的真属部下。

　　毛泽东并建议中央下一个通知制止全国性的浮夸风。早在 59 年 2 月毛泽东说："以中央名义发个通知，告诉全党同志，今后再讲假话，搞浮夸，通知食堂不给饭他吃，通知会计不发他薪水！"而第一线领导刘少奇说："制止浮夸风的通知，不如以中央主席的名义，写一封信给全党干部，用劝告的方式……在大跃进的运动中，绝大多数搞浮夸风的同志，出于革命热情，好心办了错事。我们要保护他们的积极性。"

毛泽东只得说："好吧，始作俑者，被你拉出来……回头叫田家英他们先起稿子……。"

于是一九五九年三月《党内通讯》毛泽东以党中央主席的名义在"致全党干部党员的一封信"中说："南方正在插秧，北方已经开始春耕、订计划、搞指标、要讲真话，量力而行。……公共食堂要节约用粮，作到农忙吃干农闲吃稀，干稀搭配……。"

这标志着毛泽东自退居二线，说话对于一线领导已经不起作用了。

一九五九年四月毛泽东号召省委书记学习海瑞精神，为民请命。

一九五九年四月底，毛泽东请辞国家主席得到全国人大二届一次会议通过。刘少奇正式任国家主席。

一九五九年六月，毛泽东回了一次韶山，这是他阔别韶山三十二年第一次还故乡。并说："自己无官一身轻。"

一九五九年七月庐山会议。庐山会议的实质：开始是刘少奇想利用批左逼迫毛泽东让出党主席之位，后来转向才批判彭德怀右倾机会主义。其实彭德怀是毛刘争斗的牺牲品。

会议是第一线领导刘少奇提出要召开的，毛泽东只是同意召开，调子是刘少奇定的"成绩讲够，问题讲透"。结果彭德怀只看到大办钢铁，田里烂了一些红薯、谷子的片面现象，该讲够的一点没讲，该讲透的透过了头，矛头直指毛泽东。如果真是因种粮的人把粮食烂到田里而饿死人，那么，饿死种粮的人何该！

后来毛泽东找彭德怀谈话后，于七月二十三日彭德怀公开检讨，承认自己犯了右倾机会主义错误，《意见书》是反三面红旗的。接着毛泽东发表了讲话，毛讲过这样的话："……那我就走，到农村去，率领农民推翻政府。你解放军不跟我走，我就去找红军。我看解放军会跟我走。"这又一次证明毛自退居二线没有实权了。

于是刘少奇发现天机识破，见势不妙，来了一个一百八十度的大转向。刘少奇不但主持了批彭会议，而且带头作了批判彭德怀"右倾机会主义错误"的长篇发言，其中竟有如下肺腑之言："怎么轮得到你彭德怀来反对毛泽东同志？如果可以反的话，我刘少奇早反了。唯毛主席毛泽东思想是中国社会主义革命和社会主义建设的指路明灯嘛！"这难道不是"此地无银三百两"吗？

五九年七月庐山会议毛以批彭保住了自己党主席之职，可是刘少奇阳奉阴违耍出更大阴谋。

一九五九年十月一日，中华人民共和国国庆十周年，在人民大会堂第一次出现高呼："刘主席万岁！"饿死人正是在"刘主席万岁"以后发生的。

在饿死人期间，各省把饿死人的情况呈报到中央第一线领导国家主席刘少奇和总书记邓小平那里，有的呈报到周恩来那里，周恩来也转呈刘邓。而刘、邓既不开仓赈灾，也不跟毛泽东报告，对毛泽东封锁消息。

五九年的冬天，中国大地就是这样以每天三十万以上的数字饿死农民……。其间令人费解的是：为何北京的中央静悄悄？

毛泽东得知全国大量饿死人的消息，不是由书记处汇报得知的，这是极不正常的，党主席应该是由书记处汇报而知。而且这已经是大量饿死人半年之后的事了。那是60年9月汪东兴向他汇报警卫战士思想动态时才发现的。毛当场就肯定："相信警卫战士讲的都是真话。"

1960年9月，当毛泽东知道："乡下闹饥荒，在死人"后，亲自主持了一次政治局常委会，作出了"开仓赈灾"的决定。否则1960年的冬天中国又将饿死两千五百万人。

关于"开仓赈灾"决定的说明：

1）中国的"开仓赈灾"是在大量饿死人之后的半年才决定的   ；

而不是在大量饿死人之中决定的。

2）“开仓赈灾”是毛泽东得知饿死人之后，于当天就主持常委会决定的；而不是一线负责人刘、邓在十个月之前接到各省关于饿死人的报告后主持会议决定的。

3）“开仓赈灾”是由朱德最先提出：“民以食为天，开仓赈灾吧！”并且当邓小平反对“开仓赈灾”时，朱据理力争：“我们打算还饿死多少农民？天下可是农民打下来的。”

4）“开仓赈灾”是由周恩来大胆证明中国有存粮才决定的：“我们全国的战备储备粮，可供全国人口一年零七个月。”

5）“开仓赈灾”的决定过程明显的暴露了当时的常委会分裂成两派：毛泽东、周恩来、朱德为一派；刘少奇、邓小平、陈云为一派。林彪主管军队态度中立：“开仓不开仓，我都同意。只要五百万人民解放军有充足的粮食供应……真的出了李自成，也要靠解放军去解决。总司令，你说是不是？”

6）刘少奇在常委会上虽同意“开仓赈灾”：“自古以来，封建时代遇上大灾荒都是这么做的。”但声明自己原来不知道“全国战备储备粮，到底有多少？”

7）邓小平是常委会上唯一公开反对“开仓赈灾”的人：“我们有五百万军队要吃粮，还有八百万干部，五千万职工，一亿多城市人口……乡下农民还有野菜、野果、树皮草根，我们军队和城市职工都是连树皮草根都吃不上. 所以我说开仓赈灾要慎重。国库不富裕，也不可能从国外买进大笔粮食……话说到底，我们党和政府，无产阶级专政，就是建立在总理所指的这一年零七个月的战备储备粮上。”

——邓小平这是在耍小聪明，或者说是在耍新的阴谋。其目的是为了掩护半年前“有意存粮不开仓，饿死农人四千万”的“有意”。其动机是给常委们错觉：“原来邓是为了维护城镇人口，维护党和政府，维护军队和无产阶级专政；而非“有意”存粮不开仓。”——邓的阴谋得逞了。

8）陈云的发言把大量饿死人的责任推到“三面红旗”了：“事已至此，有什么话好讲。赶快研究国民经济的收缩调整吧！解散食堂恢复自留地，开放农村集市，救命要紧。”

9）常委会的决定是"开部分仓"。毛泽东最后拍板说："少奇、总司令、小平，先开一部分仓，主要发放种子，加三个月的度荒粮……具体的，你们去定。我是快见马克思的人了，今后，一切拜托各位。"

四、饿死人中央常委罪责研究的报告

中国饿死四千万人，根据中国共产党的《问责制》，本书重点审查发事当年的七大常委。首先让本书报告——关于在饿死人问题上中央常委的检讨：

可以说毛泽东是检讨最诚恳的。当刘邓拒绝以中央名义发文件制止浮夸风，而要毛泽东以个人名义用写信的方式劝告全党时，毛泽东说："好吧，始作俑者，被你拉出来……。"

60 年 9 月当毛泽东从警卫战士口中得知中国大量饿死人的消息时，几次流泪说："我闯了大祸了……乡下闹饥荒，在死人，会出李自成……"

当刘少奇、邓小平死死咬定："饿死人是全党的共同责任"时，毛泽东说："凡是中央犯的错误，直接的归我负责，间接的我也有份，因为我是中央主席。"

毛泽东 1960 年 11 月中旬在中央工作会议上检讨："自己要真正退居二线，潜心研究马列理论，不再过问党政军日常事务。特别是不再插手国民经济方面的工作。在这方面刘少奇、周恩来、陈云等同志都比自己高明。今后一切交由他们去分兵把口。"毛泽东并要求与会的各省、市、自治区第一书记，回去后把他的检讨传达全党。

毛泽东 1962 年 1 月在"七千人大会"上检讨说："对我来说，经济建设中的许多问题，还不懂得。工业、商业我懂的更少，对于农业也只是比较的懂得，还是懂的不多……自己对经济工作是外行。"

周恩来也做过自我检讨："对于乡下饿死人，我是国务院总理，首先要检讨。"

可是，从来没有中央一线领导负责人刘、邓检讨。

为什么刘少奇不检讨："饿死人时我是国家元首，该当何罪？我对农业是"狗肉汤"的水平，该当何罪？"

为什么邓小平不检讨："饿死人的 59 年冬天，是我坐镇北京主持中央工作，我是中央一线领导的负责人，封锁各省汇报饿死人的消息我该当何罪？存粮不开仓我该当何罪？"

研究饿死人的检讨问题，我们有几点原则：①中国饿死几千万人，按说所有的中央委员都应该从不同角度进行检讨。至少应检讨"为什么没发现问题？为什么没向中央建议？"等。②我们决不能按检讨而定罪。那是只看表面的笨人。③我们审查检讨的目的是为了从中发现问题。结果发现：其一，毛泽东和周恩来是敢于认错和承担责任的人，是痛心人民的人；而刘少奇和邓小平是拒不认错和嫁罪别人的人，是幸灾乐祸的人。其二，刘邓拒不检讨，这正好说明刘少奇和邓小平是有意造成中国饿死人。规律告诉我们：无意做坏事的人，一般会检讨和自省；而有意做坏事的人，一般决不会检讨。——这就是真理。我们只能原谅无意做坏事的人，而决不能原谅有意做坏事的人。

下面让本书报告——

关于中国饿死人时（重点指 1959 年 12 月——1960 年 2 月中国平均每天饿死三十万人以上的这段日子），各个常委在干什么？该当何罪？

1.毛泽东：1959 年 12 月—1960 年 2 月，毛泽东遵照中共八届六中全会决议，退居二线，从事专著。

自 1959 年"十一"参加建国十周年大庆之后，至 1960 年 8 月其间 10 个月，毛泽东住过三个地方：北京、江西、广州。其间毛泽东主要做了两件事：一件事是整理"毛泽东选集第四卷"。例如，于 1960 年 2 月毛泽东在广州专门召开一次座谈会，讨论毛选第四卷中的相关问题。结果使自 1953 年出版了毛选一至三卷后，中断七年，于 1960 年 4 月又出版了毛选第四卷。第二件事是完成了《十年总结》的著作。这是毛泽东认真总结其担任中央人民政府主席 1949—1958 十年间的工作，而写的专著。并于 1960 年 6 月 18 日在"上海会议"上，毛泽东做了《十年总结》的长篇讲话。

写过书的人都知道完成著作最需要的就是安静。毛泽东整理《毛泽东选集第四卷》以及著作《十年总结》，确实需要花费相当的精力和时间。

自古都有"不知者不为罪"之理，当毛泽东知道中国大量饿死人之后，应该说毛泽东的表现还是令人民满意的。有几件事，至今回想起来仍然催人泪下：

其一，毛马上通知降低自己的口粮标准，并坚持数月不吃肉。几个月下来，毛的身体明显垮下。

其二，毛找来铁锹，亲自动手，带头在丰泽园的院子里种菜。毛泽东种了一些南瓜、红薯、辣椒，他表示要带头抓瓜菜代，过苦日子。几个月下来，他老了许多。不再象往常那样怡然自得，谈笑风生。

其三，毛坚持让家人也一起受饿。连毛最心爱的小女儿李纳，偶尔跑到毛那里去吃一顿饭，饭吃完了，肚子还没有饱，坐在那用嘴舔碗，毛泽东站在旁边，看在眼里，但无动于衷。

其四，毛泽东 1961 年在谈起乡下饿死人时，对其保健医生李志绥痛心的讲到："中国共产党里，好人早都死完了，现在剩下的都是些行尸走肉。"（见李志绥回忆录）

在中国饿死人问题上，毛泽东虽然①"不知者"②知后表现好③后来发动文革打倒了刘邓，为饿死的农民报了仇。但是毛泽东也应负另一种性质的责任：①当时不该以退居二线党主席的身份出来把责任一肩扛，并以自然灾害和还债苏联欺骗人民；②文革打倒刘邓之后，应该定他们在饿死人问题上之罪。至少在党的政治局会议上讲明白，可他没这样做。笔者能理解毛泽东护短护痛的苦衷，作一个不恰当的比喻：就像两个人与同一个女人乱搞男女关系，这两个人宁可以经济和政治问题互斗，谁也不愿意提对方的作风问题。但这最终还是毛泽东的失策，因为一个是通奸，一个是强奸。毛泽东这样做不仅为刘邓把饿死人嫁罪大跃进创造了条件；也给后人还原真相带来困难。

作为当时毛泽东的处理也是可以理解的：其一，如果正视"饿死人"，帝、修、反是不会给共产党分什么一线与二线的。当时中国正面临帝修反的包围之中，这样会亡党亡国。其二，如果正视"饿死人"，刘少奇、邓小平是一定得杀头的。必然毛与刘邓还有一同打天下的感情，即使蒋介石十年剿共杀害了毛泽东五位亲人，毛泽东也没置蒋于死地。其三，如果正视饿死人，追究饿死人罪责人按平均饿死一百人杀一个罪责人，中国也要杀 30 万人。虽然毛泽东一生搞革命，但他绝不是杀人狂。可以说只有土改镇压反革命是他有意杀人，其他任何运动他都讲过："力争一个不杀、大部不捉。"即使"镇反"中毛泽东还发明了《死缓》——毛泽东于 1951 年 4 月 30 日在一则评语中明确写到："杀人不能太多，太多则丧失社会同情，也损失劳动力。在农村杀反革命，一般不得超过人口比例千分之一，有特殊情况要超过这个比例，须得报中央局批准，并报中央备案。在城市一般应少于千分之一。"

为了更有效的控制杀人数字，毛泽东发明了"死缓"。他在此同一批示中首次提出"死缓"这个刑名的设想。他写道："凡无血债或其他引起民愤的重大罪行，虽有应杀之罪者，例如有些特务或间谍分子，有些教育界及经济界的反革命等，可判死刑，但缓期一年或二年执行，强迫他们劳动，以观后效…"在毛泽东的努力下，于 1957 年 5 月 8 日中央通过了由毛泽东亲自起草的《中央关于对犯有死罪的反革命分子应大部采取判处死刑缓期执行政策的决定》。后来，这一刑名被法律化沿用至今。

2.刘少奇：审查发现，1959 年冬—1960 年春这段日子，刘少奇正好带着他的第六任配偶王光美到海南岛什么疗养肩周炎。据悉，是王光美的提议。王光美本来是国民党空军司令的干

女儿，清华大学毕业，1948 年 26 岁经杨尚昆介绍嫁给 50 岁的刘少奇。王光美说

"海南岛气候好，有助于少奇同志肩周炎。"难道偌大的北京城治不好刘的肩周炎？

在中国饿死人这个问题上，现在的世人都说是毛泽东的罪，只有当事人说是刘少奇的罪。为什么会如此截然不同呢？为什么当今的大人物不如当年的小孩和老太太呢？不妨举例说明如下：

一个小孩是刘少奇的小老乡。1961 年当一群省地县的地方官陪着刘少奇在刘的家乡视察时，发现在刘的老屋旁的电线杆上，写着"打倒刘少奇"。经追查是一个 12 岁的孩子用木炭写成的。这个孩子家里一共饿死了六口人，母亲死后他抱着半岁的弟弟到处找人讨奶喂，结果弟弟死在他的怀中。地方官要逮捕这个小孩，好在获刘的特赦。

另一小孩是笔者小学同学。1959 年春校长当着我们学生的面把毛主席和刘主席二人的像左右调换了一下位置，毛由正位调到陪位，然后对我们讲："今后是刘主席当国家主席了，毛主席已退居二线，专门为我们写书。"到了 1960 年春，那个同学吃野草实在难咽时，便喂了一口刘主席像的口中，并说："刘主席，你也吃口试一下。"这个小孩曾因这件事而遭到开除。笔者有个上海的朋友也讲到：59 年他读高中，他的校长到各班教室也把毛主席的像换到陪位。让国家元首坐正位理所当然，但为什么饿死几千万人的罪责，第一线坐正位的国家元首却推得一干二净？

第一个老太太是《饿鬼》书中所写的刘大娘。此书第 15 页写到："为什么刘大娘到 2004 年还仍然相信，要不是毛主席派来的解放军给我们送来几口袋粮食，我们就全都饿死了？"作者对刘大娘仍然感谢毛主席简直不理解。

另一个老太太是笔者母亲。当笔者二哥饿死时，母亲的哭声令人终生难忘："刘主席啊！国库的皇粮那么多，为什么不开仓救救我的儿？"

还举一个不识字的农民。到了 1968 年刘少奇被打倒后，这个农民编了一首快板词："刘少奇，你算老几？饿死农民就怪你。老子今天要揪你，抽你的筋，剥你的皮，叫你永世不翻身。"这首快板还被毛泽东思想宣传队搬上舞台。

总之，刘少奇有三大罪：其一，鼓吹浮夸风达到"狗肉汤"的程度；其二，好色贪玩，不理国事，造成 59 年粮食产量比 58 年大跃进之年实际减产达 1 成半以上；其三，在每天饿死 30 万人长达三个月里，未采取任何措施拯救。但我们尚无证据证明刘少奇是有意造成，所以我们认定刘少奇的罪过仅次于邓小平。有人会问：如果刘少奇也是"不知者"，是否不为罪呢？答案为：否。因为第一线"不知者"本身属于严重失职。按照一般规律和程序：第二线应由第一线告知。

3.朱德：朱德是开仓赈灾的提议人，否则 1960 年冬中国又要饿死 2500 万人。念此，我们认定朱德无罪。

4.周恩来：周恩来任国务院总理，可是此时的国务院确实沦为中央书记处的附庸。审查时发现：当时的书记处实际上集党、政、军大权于一身。书记处直属的机关有：中央组织部、中央宣传部、中央统战部、中央对外联络部、中央调查部、中央办公厅、中央党校、人民日报社、新华通讯社、红旗杂志社等。中央书记处还设立了中共中央农村工作部和中共中央工交工作部；还设立了财经、政治、外事、科技、文教五个领导小组；还设立了二十多个分管某一方面事务的办公室。通过这些部、小组、办公室使书记处取代了国务院的行政权。

仅 1959 年周恩来前往书记处汇报和研究政府工作的会议就多达 14 次：

（1）4 月 11 日出席书记处研究全国第二届人大会议议程和准备工作会议；

（2）4月22日出席书记处研究钢铁生产会议；

（3）4月30日出席书记处讨论国民经济计划会议；

（4）5月16日到书记处向邓总书记请示有关钢铁生产工作；

（5）6月11日出席书记处讨论1959年物资分配和基本建设调查会议；

（6）6月23日出席书记处外事工作会议；

（7）7月21—22日出席书记处讨论手工业、基本建设、及运输工作会议；

（8）8月1日出席书记处财政、金融和粮食工作会议；

（9）8月7日出席书记处抗旱、防洪紧急会议；

（10）9月18日出席书记处关于国庆十周年准备工作会议；

（11）10月19日出席书记处召开的农业座谈会；

（12）11月15日、17日、18日出席书记处讨论计划工作会议；

（13）11月25—26日出席书记处听取与讨论1960年经济计划的汇报会；

（14）12月21日出席书记处研究科学委员会会议。

以上资料见中共中央文献研究室所编的《周恩来年谱》中卷，书中称"所列举的是周恩来在1959年4—12月书记处会议的一部分。"

更重要的是：周恩来是大胆证明"中国有大量存粮"的人。他在常委会上公开回答刘少奇的提问时讲道："全国的战备储备粮可供全国人口一年零七个月。"这显然是对刘少奇在发泄不满情绪。为什么这样讲？因为周恩来和国务院秘书长习仲勋已经把各省向国务院汇报饿死人的情况向中央一线领导负责人刘少奇和邓小平做过汇报，可他们无动于衷静悄悄。所以周、习当然不满。但周恩来这样回答也不怕犯"欺君"之罪，因为每过几个月田里又要长出粮食，就是说成能吃十七年也不为"欺君"。此事引起笔者怀疑：三年后刘少奇、邓小平撤销习仲勋副总理兼秘书长之职未知是否与此有关？由于周恩来是大胆证明"中国有大量存粮"的人；又由于饿死人发生在中央分一线与二线的历史时期，一线与二线的现实确实使国务院被沦为中共中央书记处的附属。故对周恩来问责从轻。不可否认周恩来任国务院总理，习仲勋任国务院副总理兼秘书长，明知 59 年有灾情，反而比 58 年多征收粮食 173 亿斤，这也是有责任的。只是多征的粮食总在粮仓里。

5.林彪：林彪时任国防部长。自古以来是民养兵，而不是兵养民。所以与林彪无关。

6.陈云：陈云一直为党内分管经济工作的负责人，中国是个农业国，农业生产是国民经济的主要成分，所以陈云有不可推卸的责任。

又我们审查时发现陈云确有临阵脱逃的行为：1960 年当陈云到河南了解到大量饿死人之后，立即向中央打报告退休，住进西湖风景区休养。1962 年元月七千人大会后，陈云又出山主管财经。

7.邓小平：整个中国饿死人期间，邓小平是唯一始终坐镇北京的常委，连 59 年 7 月的庐山会议邓小平坐镇北京就没去参加。正如毛泽东总结的"邓小平是中央的大管家"。《基因哲学》认定：中国饿死人正是邓小平这个"大管家"有意造成。特别是北京中央的"静悄悄"，正是邓小平封锁消息造成。

为什么我们认定：中国饿死人是邓小平有意造成？

其一，邓小平拒不检讨。这是最先引起苏老怀疑邓小平"有意"动机的引子。因为一般规律是：无意造成的坏事，则会检讨自省；而有意造成的坏事，则会拒不检讨并嫁罪他人。笔者想起二哥之死母亲的哭诉："是我害死了我的儿呀！——大队干部骗我儿是去农场有饭吃，谁知道是上水库修水利？我如果阻止我儿不去，也许我儿不会死呀。"

　　其二，邓小平具备"有意"的动机。邓小平不乐意多年当书记处总书记，他一心想当"党主席"。他想让中国大量饿死人，毁坏毛泽东的声誉，贬低毛的功绩，逼毛辞职。

　　其三，邓小平的反常行为。邓的"反常行为"主要表现在两个地方：

　　①是59年冬—60年春坐镇北京的时候。正常的行为是：当收到各省大量饿死人的报告后，首先要立即禀告两个"万岁"。既要禀告国家元首"刘万岁"，又要禀告退居二线写书 的党主席"毛万岁"。然后开常委会研究对策。可邓小平的行为反常：当中国大地每天平均饿死三十万人以上时，中央确是静悄悄。

　　②是大量饿死人之后于60年9月通过"开仓赈灾"的常委　　　　　　　　　　　　会上。明明已经饿死几千万人，明明中国仍有大量存粮，可邓的行为反常：邓是唯一公开反对"开仓赈灾"的常委。不难从中看出：这是邓小平在耍小聪明，目的是掩盖半年前"有意存粮不开仓"的"有意"之动机。

　　其四，邓小平具备"有意"的能量。莫看邓小平是七大常委中排名最后的人，其实1959年邓小平是中国最具实权的人。因为八届六中全会他被确定为中央一线领导负责人，实质上邓也是刘少奇摇鹅毛扇的"军师"。1962年8月中央组织部长安子文讲的话就能证明："中央，谁是中央？北京中央负责同志很多，刘少奇、邓小平才能代表中央。"从后来邓小平赶华国锋、胡耀邦、赵紫阳下台也能证明邓小平具备"有意"的能量。

　　——据以上四条，无意则为犯错，有意则为犯罪。所以我们把"存粮不开仓，有意饿死农人四千万"定为邓小平欠下中国人民的第一笔大命债。

　　为什么说是邓小平"有意封锁消息"？

　　其一，大量饿死人几个月，各省不敢不向中央汇报，全国近30个省即使有不汇报的省也是极少数。要汇报理所当然的要向中央书记处汇报，绝不可能直接找两个主席汇报。最关键的凭证是当毛泽东得知饿死人的当天召开常委会时，邓小平早知道"这次灾荒来势凶猛，面积很大"——这就是邓小平的"早知道"自白。

其二，"封锁消息"一般情况没有"无意"之说。

其三，毛泽东生前有证词："59 年以来，邓小平有事都不找我，六年不向我汇报工作。"

其四，当年的中央委员及毛泽东身边的人都证明：毛泽东得知中国大量饿死人的消息是 60 年 9 月从汪东兴汇报警卫战士思想那知道的。

其五，如果邓小平把各省向书记处回报的饿死人的消息向毛泽东汇报了，封锁消息也罢，存粮不开仓也罢，则都不怪邓小平了，要怪就怪毛泽东。可是邓小平没有向毛泽东汇报，则当然要怪邓小平。

——以上五条就是真理，即真正的道理，也就是邓小平所讲的"硬道理"。

下面研究一个问题：为什么刘少奇和邓小平在饿死人问题上能开脱罪责？

关键在于自始至终刘邓死死咬定："饿死人是全党的共同责任。"——刘少奇 1962 年元月在七千人大会上讲："三年灾害，实际上是三分天灾，七分人祸。是全党的共同责任。"刘邓之所以能开脱罪责正在于此：其一，既然是全党的共同责任，谁敢追究？追究全党都有份；追究就是跟共产党过不去。其二，既然是全党的共同责任，自然是党主席毛泽东的责任。

试问：中央组织部长安子文讲的："刘少奇、邓小平才能代表中央。"为什么饿死几千万人，中央的罪责人又不是刘邓呢？

五、关键凭证和史料

当今的世界对中国饿死人的研究越来越引起重视。近至中央党史研究室，远至外国记者、学者。既有不少专著问世，也有不少报纸文章研究，只因为这个饿死人的数字实在太惊人！到底惊人到何种程度？中国饿死人的总数，接近第二次世界大战全世界因战乱而死亡人的总数，中国大量饿死人时，连续三个月每天饿死 30 万人以上。如果每天饿死一万人，得几千天即十多年才能达到这个数字。——就是这么一个惊人的数字！

遗憾的是，仅凭官方的凭证和史料确实太少，到目前为止仅发现关键的凭证是："中常委开仓赈灾会议记录"，关键的史料是"国家统计局年底总人口和每年实际产粮收购，出口的数字。"

（一）关键凭证——中常委开仓赈灾会议记录

众所周知，饿死人发生在共产党领导时，共产党的最高领导机构是："中央委员会"，在中央委员会休会期间唯一的常设机构是"中央书记处。"书记处的办公人员比中央委员会成员还要多，邓小平在饿死人前四年后六年一直任书记处总书记。

常言道："不怕天干饿死人，只要茶饭吃得匀。"只要能开仓赈灾，怎么也不会饿死几千万人。可是中国大量饿死人时，不仅没开仓赈灾，而且北京中央静悄悄，难道这不是天大的怪事！至今查不出书记处有任何关于解决饿死人问题的文件。所以说"中常委开仓赈灾会议记录"是关键凭证。

附：中常委会议记录

时间：1960 年 9 月 11 日下午

地点：毛主席书房

参会人员：全体政治局常委

主持人：毛主席

发言记录：

毛：今天汪东兴向我汇报警卫战士思想动态时，我才发现全国大量饿死人。我相信警卫战士讲的都是真话，我们闯了大祸了，乡下闹饥荒，在死人，会出李自成。找诸位来，主要研究解决的办法。

朱：民以食为天，开仓赈灾吧！

刘：恩来，我们全国的战备储备粮到底有多少？

周：可供全国人口一年零七个月。

刘：救灾如救火，我同意总司令的意见开仓赈灾。自古以来，封建时代遇上大灾荒都是这么做的。

毛：小平，你是总书记，也是大管家，脑子好使，有什么意见？

邓：这次灾荒来势很猛，面积很大，不是一两年的问题。我看还是放宽政策，让人民群众自己动手，丰衣足食！

毛：开不开仓？

邓：我们有五百万军队要吃粮，还有八百万干部，五千万职工，一亿多城市人口。乡下农民还有野菜、野果、树皮、草根，我们的军队和城市职工都是连树皮草根都吃不上。所以我说开仓赈灾要慎重。国库不富裕，也不可能从国外买进大笔粮食。话说到底，我们党和政府，无产阶段专政，就是建立在总理所指的这一年零七个月的战备储备粮上。

毛：林彪，你有什么意见？

林：开仓不开仓，我都同意，只要五百万人民解放军有充足的粮食供应，真的出了李自成，也要靠解放军去解决。总司令，你说是不是？

毛：陈云，你的意见呢？

陈：事已至此，有什么话好讲。赶快研究国民经济的收缩调整吧！解散食堂恢复自留地，开放农村集市，救命要紧。

朱：我们打算先饿死多少农民？天下可是农民打下来的。

毛：少奇、总司令、小平，先开一部分仓，主要发放种子，加三个月的度荒粮，具体的，你们去定。

由于毛此时脸色苍白，额上直冒冷汗，又躺了下去。

周：主席病的不轻，晚上的常委会，仍由刘少奇同志主持吧。你身体不好，就别参加了。我们会尽快做出决议，调整各方面政策，放人发动群众，搞自力更生，生产自救。

毛：也好。少奇，你是能者多劳，拜托，拜托。总司令，你是大老实人一个，小平，你是言必有中，干脆利落。还有陈、林二位，我是快见马克思的人了，今后，一切拜托各位。

——以上会议记录留待读者自行分析。笔者在此只想指出一点：邓小平讲道"这次灾荒来势很猛，面积很大。"这就是各省已经把大量饿死人的情况向中央书记处作过汇报的铁证。试问：各省不汇报，邓怎么知道"这次灾荒来势很猛，面积很大"？邓既然知道各省的汇报为什么封销消息不向中央主席汇报？解决来势很猛，面积很大的灾荒唯一的办法就是开仓赈灾，这是最起码的常识，邓小平不会没有这个常识，即使动用了全部的战备粮也应该，因为每过几个月田里又能长出粮食。为什么邓小平一人公开反对开仓赈灾呢？难道就他一个人关心军队、干部、职工、城市人口及党、政府和无产阶级专政吗？

说明：关于此次常委会的背景。毛泽东自 1958 年底于武昌召开的八届六中全会后，根据中央决议退居二线，专心著作，以便用毛泽东思想指导千秋万代。直到 60 年 9 月 11 日上午毛泽东听取汪东兴向他汇报警卫战士思想动态时才知道全国大量饿死人。毛泽东当场就肯定："相信警卫战士讲的都是真话。"当毛泽东知道后，如同丧魂失魄，并几次流泪。他立即吩咐召开常委会。本来这一段时间毛的身体就不大好，加上得知全国大量饿死人的消息，毛的精神几乎垮掉，只过了几个钟头，于当天下午，毛吃了镇定剂，在他的书房主持了这次常委会。

（二）关键史料——国家统计局公布的相关资料。

年度	年底总人口	当年实际产粮
1957	6.15 亿	3700 亿年
1958	6.6 亿	4000 亿年

| 1959 | 6.7 亿 | 3400 亿年 |
| 1960 | 6.62 亿 | 2870 亿年 |

有了这个资料，就不难推算出饿死人的数量；也不难看出谁当权时粮食产量高，所以说这是一个关键的史料。

根据对关键凭证和史料的研究，在中国饿死人问题上，中央领导应负责的人有邓小平、刘少奇、陈云；周恩来、毛泽东、习仲勋。为什么这样排名？首先有两种不同性质的责任，前三人是罪责，后三人为责任。为什么把习仲勋列入其中？因为他时任国务院副总理兼秘书长。

附：中国饿死人七份人祸量划表

名称	职称	罪责量划	主要罪过
邓小平	总书记	2	有意封锁消息及反对开仓赈灾
刘少奇	国家主席	1	粮食减产及存粮不开仓
陈 云	副主席	0.5	主管经济不力并临阵脱逃
周恩来	总理	0.5	征粮过度
毛泽东	党主席	0.5	一肩扛责和掩盖真相
习仲勋	副总理兼秘书长	0.25	征粮过度及封锁消息的胁从
省地县		1	浮夸风及上报不力
基 层		0.5	虚报产量
媒 体		0.5	浮夸报道及封锁消息

六、为何说《党史》是一本《党屎》？

所谓《党屎》即指此书是一本给毛泽东身上泥屎，给邓小平身上贴金之作；是一本歪曲历史的"史书"。仅以饿死人为例，便足以证明：

1、《党屎》把饿死人的时间提前一年。

《党屎》P505 把饿死人的时间写成发生在 1958 年 9 月，且说："谭震林 9 月 14 日已向毛泽东书面汇报了全国电话会议材料：有的农村发生杀牲口、砍树、藏粮等不正常现象；有的地方遭灾欠收后仍谎报产量，多征购粮食，导致饿死人的事情发生。"

又 P532 写到："1958 年，广东全省粮食紧张，广东向中央报告，个别地方出现浮肿病和饿死人的现象"

——整个《党屎》记述饿死人达 20 万字，可"饿死人"三字总共只出现过三次，这里记载 1958 年"饿死人"就占了两次。真正的 1959-1960 年大量饿死人，《党屎》看不到有任何一个省"向中央报告"，而且连"饿死人"三个字就没有出现，你说这样的"党史"屎不屎？

——毛泽东 1958 年还是国家主席，谭震林谎报灾情，犯"欺君"之罪，《党史》中尽然有记功。可大量饿死人的几个月，各省"向中央报告"呈送总书记邓小平，《党史》中却无一记载。当今应该动用中央纪委和最高检察院分别查一下：如果大量饿死人时，没有向中央报告的省长和省委书记，没有死的人则应枪毙，已经死了的人，则应追认为共产党的大叛徒，大内奸和大工贼。这不是给毛泽东泥屎，给邓小平贴金，又是什么？

——铁的事实任何人都改变不了：国家统计局公布的 1958 年底全国总人口比 1957 年底增加 4.5 千万。又公布有 1958 年全国粮食实际产量创历史最高，达到 4000 亿斤。众所周知 1958 年冬天，全国吃饭不要钱，四菜一汤，走到哪，吃到哪，根本无人饿死。可《党史》中却记载：1958 年"遭灾欠收"、"导致饿死人"、"粮食紧张"、"出现浮肿病和饿死人"、"谭震林向毛泽东书面汇报"、"广东向中央报告"等。试问：①这些胡言从何而来？②中国老百姓的口头禅"59 年饿死人"，《党屎》为什么要篡改为"1958 年饿死人"？

2、《党屎》自相矛盾 。

《党史》P502 写到："毛泽东逐渐骄傲起来。" P503 再次只点毛泽东一个人的名批评道："毛泽东同志，中央和地方不少领导同志在胜利面前滋长了骄傲自满情绪。"

可 P505 又写道："毛泽东是 1958 年大跃进和人民公社化运动的倡导者和推动者，也是较早通过初步调查研究觉察到运动中出现问题并努力加以纠正的领导人。"

——《党史》为何只点毛泽东的名批评骄傲自满，难道毛泽东不算"中央领导同志"？

——毛泽东既然是"较早觉察到问题"并"努力加以纠正的领导人"，为何定为"骄傲自满"？

——既然承认大跃进是"胜利面前"；P531 写道"1958 年胜利一个接着一个"，为何饿死人又怪大跃进？这就是自相矛盾。

——有成绩才有骄傲，果真是 1958 年饿死人，毛泽东还能骄傲吗？在"胜利面前"值得骄傲理所当然。为什么从来无人说 1959 年刘少奇任国家元首饿死人值得骄傲？

3、饿死人的数量《党屎》荒唐可笑。

在《党屎》研究饿死人达 20 万字中，涉及饿死人的数量仅有一句话，P563 写道："1960 年全国总人口比上年减少 1000 万。"

——当媒体误把这一"比上年减少的人数"当作"饿死人的数"时《党史》主编章百家忙解释道："1000 万包括正常死亡和非正常死亡。"你说这荒唐不荒唐？可笑不可笑？

——小学生都知道：比上年减少的人数=当年死亡人数—当年出生人数。而比上年减少的人数≠正常死亡+非正常死亡。

——本应比上年人口增加 4.5 千万，反而减少 1 千万，这 5.5 千万=饿死人数+少生人数。一般少生人数小于饿死人数，故 1960 年中国至少饿死 2.75 千万人。同理可得 1959 年中国饿死 1.75 千万人（4.5-1=3.5　3.5÷2=1.75）。综上可得 59-60 年中国饿死人 4.5 千万。纠正《党屎》1960 年全国总人口比上年减少应为 800 万（6.7-6.62=0.08亿），可得 59-60 中国至少饿死 4.4 千万。

4、59 年 12 月—60 年 1、2 月中央常委在干什么？

《党屎》P563 写道："从 1959 年 9 月到 1960 年 3 月毛泽东分两次先后到河北、山东、河南、江苏、上海、浙江、湖南、广东等省市视察，共约 160 天。"

又 P565-566 记述了在中国大量饿死人的三个月日子里，毛泽东、刘少奇、周恩来等常委都在闭门读书，认真学习《政治经济学》。并编造了一系列各常委的学习心得。

——这就是《党屎》对中国每天饿死 30 万人以上长达三个月的日子为何"北京中央静悄悄"的解释。真是一派胡言！

——毛泽东半年间有 160 天在省市视察，则只剩 20 天。其间①59 年 10 月 1 日共和国《十年大庆》赫鲁晓夫亲自率代表团赴京，毛泽东要花时间迎接和参加十年大庆吧？②既然毛泽东、刘少奇、周恩来认真学习《政治经济学》、《党屎》P565 有记载"刘少奇用 20 天时间阅读完全书"，那么毛泽东又用了多少天？③毛泽东其间完成了《毛选》第四卷整理工作和完成了著作《十年总结》，这又要花多少天？……所以，只能结论：是《党屎》胡言，因为毛泽东 20 天怎么能完成上述三件大事？

——《党屎》胡言之目的十分清楚：就是说饿死人时，毛泽东正在各省市视察，最了解真情。毛泽东不是当时不知者。

——《党屎》对毛泽东是从汪东兴 1960 年 9 月向他汇报警卫战士思想动态而得知中国大量饿死人的消息只字未提。

5、《党屎》的愚蠢之处。

当今社会上有些别有用心的文人写书，已经把刘少奇上任国家主席的时间往后推迟 1—3 年，目的是要改写成刘是饿死人之后才上任国家主席的。而编"党屎"的人是采取把饿死人的时间往前提前一年，改写成 1958 年饿死人，这又正好与"大跃进饿死人"相吻合。前者必然把刘少奇任国家元首的年限缩短了 1—3 年，所以，编"党屎"的人显得比别有用心的文人聪明得多。可笑的是：编"党屎"的人，只顾提前饿死人的时间，没顾得把国家统计局记载的 1958 年底总人口比上年增加 4.5 千万，以及记载的 1958 年实际产粮创历史最高，达 4000 亿斤也一起篡改，这就是"党屎"的愚蠢之处。

第四节：镇压民间反对党，杀了无数党主席
——无书记载的大命债

一、关于"光明党"、"爱民党"以及"理发党"的小档案：中国饿死几千万人，当时的中国人民肯定有无比的反抗情绪。当笔者的二哥被饿死后，笔者的一个最要好的侄儿对我讲："小叔叔，咱们也成立一个党，把共产党推翻算了！"必然当时笔者才只有 12 岁。然而在中国民间，特别是广大农村确实成立了数以千计的"反对党"。笔者列举家乡县的"政党"如下：

1）光明党：光明党是笔者母校湖北省随县历山中学首届高中毕业生中于 1960 年成立的一个党。党主席叫刘定山：校学生会主席，孤儿，1960 年秋被保送北京政法学院。这个党是他在高中毕业之时成立的，其成员仅限于刘定山一个毕业班的部分同学。于 1962 年因通知开会一次性发出的信件多而被破获。当时刘定山已住大学三年级，被逮捕判刑三十年。其余骨干分别判刑不等。

2）爱民党：爱民党是随县和平公社郭家村的农民于 1960 年成立的一个党。党主席叫雷仁安：贫农。这个党是在村里大量饿死人之后成立的，其成员仅限于郭家村的部分农民。于 1961 年被公安破获。党主席雷仁安 61 年遭判死刑，枪毙时因高喊："爱民党万岁！"和"打到共产党！"，被公安用木桩钉进嘴巴。

3）理发党：理发党是一场虚惊。大概是到处镇压"反动组织"，有人想戏弄一下公安吧：随县公安局突然接到一个举报，说安居公社的理发匠成立有一个"理发党"，并约定同一时间去给各个大队书记理发，用理发刀而杀之，从而

造反。公安局立即出动逮捕了一批理发匠，经拷打审问发现是假，于一周之后全部放掉。

当年，举国上下到处都在镇压"反动组织"，仅随县不完全统计就破获了两个政党，依此推理，全国有两千多个县，该镇压多少政党？又杀掉了多少党主席？所以目前我们只能以"千计"和"无数"来回答。

二、无书记载的大命债

邓小平一生欠下中国人民"四大命债"。"四大命债"按照时间顺序依次是：第一大命债是 1959—1960 年有意存粮不开仓饿死农人四千万；第二大命债是 1960—1965 年全国镇压千计的反对党；第三大命债是镇压文化大革命；第四大命债是镇压"六四"运动。唯有第二大命债，至今无任何一书有记载，更没有专研之作。也许笔者写的《醒世思变》是第一次写书记载，然而此书尚未正式出版，所以，这第二大命债，仍然叫"无书记载的大命债"。

关于中国千计反对党的成立。这是中国大量饿死人之后的自然反应和正常反应。如果没有反对党的成立，那才叫不自然和不正常。毛泽东就预言讲到："中国会出李自成。"结果出于毛的预料，中国并没有出李自成，但出了刘定山、雷仁安……

这些组织既是政党又不是政党，说是政党也只是出于娘胎的政党。其实有许多没被暴露的组织，一旦饿死人的形势好转，都统统自行消化了。即使是名副其实的反对党也是符合宪法"人民有结社的自由"之规定的。所以，对于这类既合法又合理的一些组织，决不能大举屠刀血腥镇压。

如果笔者没有记错的话，被枪毙的爱民党主席雷仁安，并非地富反坏，而是一位贫下中农。被判刑三十年的光明党主席刘定山并非是落后学生，而是校学生会主席。由于刘定山所在的学校建在农村，成天看到大量饿死人，岂能无动于衷？其实雷仁安、刘定山这些人才是真正的人民英雄。

如果我们的后人问："中国饿死几千万人，当时为什么没有人反抗？"不知我们该怎样回答？难道我们就用刘少奇的话"饿死人是全党的共同责任"，所以没有人敢反抗。这不是无视当年的客观事实吗？这不是给中华民族抹黑吗？如果一个民族饿死几千万人，还无人反抗，那么这个民族还有什么希望？又如果一个民族只能看到在首都市中心的杀人，而看不到在全中国遍地饿死人和杀人，那么这个民族还有什么希望？如果对于一个老贼，我们只揭发他有一次肚子饿了偷了人家的钱包，而不揭发他一贯偷人耕牛的事，这个老贼能服法吗？显然不能。

为什么我们把中国镇压千计的反对党，列为邓小平欠下中国人民的命债之一呢？

因为这是邓小平指使公安部长罗瑞卿干的。当时中央没有政法委书记，政法工作就是中央书记处总书记邓小平负责。当中国大量饿死人之后，又遇上蒋介石 1962 年掀起反攻大陆的高潮，刘邓的压力很大，"决不能让共产党的天下垮在自己任中央一线领导负责人手中！"这就是邓小平镇压千计反对党的动机。其实，千计的反对党与蒋介石反攻大陆根本无关，纯属饿死人的正常反应。中华人民共和国已成立六十多年了，为什么在这六年（1959—1965）之前和之后都没有出现大量镇压"反动组织"？为什么偏偏是在刘邓中央一线领导负责的六年间发生大量镇压"反动组织"？所以，这笔命债要当然的记在邓小平的名下。

为此笔者建议：当今的人民政府应该清理一下 1959—1965 这六年期间公安和法院的卷宗，查一下在中国大量饿死人之后，全国到底镇压了多少反对党？杀了多少人？关了多少人？到底有多少是应该平反的？要还历史一个清白。最好能在天安门广场立一块碑，纪念当年饿死的四千万农人以及因反抗饿死人而被杀的英雄们。

第五节：镇压文化大革命，伤害干部和群众
——用《基因哲学》认识文化大革命

一、为什么要用《基因哲学》认识文化大革命？

二、文化大革命的历时

三、对"逮捕四人帮"的认识

四、中国的文化大革命是十年洗劫吗？

五、文化大革命主要成绩和问题

六、如何定性文化大革命？

一、为什么要用《基因哲学》来认识中国文化大革命？

因为《基因哲学》主张"方法决定认识"；反对"立场决定认识"。可以说当今的人类社会对中国文化大革命的认识，是最典型、最明显、最顶大的"立场决定认识"事件。在1976年10月6日深夜以前，中国至少有几亿人民，都认为中国的文化大革命有功也有过，且主流是对的。世界人民也至少有数亿人正羡慕中国的民主。一夜的政变，使"十年浩劫，一无是处"成为人类社会对中国文化大革命的唯一论调了。整个世界几乎没有任何人敢说一个"不"字。难道这不是最典型、最明显、最顶大的"立场决定认识"吗？所以，我们只有以《基因哲学》为武器，才敢于正视文化大革命。因为基因哲学无视立场。

还因为基因哲学能看事物本质之本质，直至能看透人的内心世界。例如：刘邓有意让中国大量饿死人的内心世界是："你毛泽东庐山会议还在大批彭德怀反三面红旗，我就是要让全国大量饿死人，看你毛泽东还怎么总结你的十年功绩？还怎么搞"三面红旗"万岁？还怎么不让出党主席之位？"而毛泽东发动文革的内心世界则是："原来你刘邓大量饿死人是为了嫁罪我毛泽东搞三面红旗呀，是为了复辟资本主义和夺我党主席职位呀！我就是要打倒走资本主义道路的当权派，

就是要坚持三面红旗，就是要死保名副其实的党主席职位。"
——这就是毛泽东发动文革的动机。毛发动文革时已 73 岁了，谁不喜欢清静？更何况毛明知文革有失败和杀头的危险。毛泽东最不甘心的还是刘邓把饿死人嫁罪他毛泽东。因为这才是涉及谁是千古罪人的根本。

用《基因哲学》研究文化大革命，必须首先弄清三个问题：

其一，中国的文化大革命到底是什么人干的？

有人说：是红卫兵干的。红卫兵又是何人？基因哲学看本质之本质的回答是：中国的文化大革命是中国人民干的。而且是占绝大多数的中国人民共同参与干的。如果几亿红卫兵不能代表中国人民，那么，几千万人的共产党岂能代表中国人民？试问：当今定文化大革命属于"严重内乱"的人，文革时你在哪儿？在干什么？连邓小平在文革中就主动写过三次检讨，每次都写有"坚决拥护文化大革命"，"永不翻案"。

其二，文化大革命与之前饿死几千万人到底有什么关系？

首先从时间上看，二者是紧密相连；更重要的是文革中打倒的走资派绝大多数都是饿死人时有罪责的人。所以，文革就是对饿死人的隐形处理，没有饿死人就没有文革（因为毛泽东就根本不会发动），这就是二者的关系。

"刘、邓、陶、王"中的刘、邓，前面已讲。

陶铸：时任中共中央中南局书记，想当年 1958 年《人民日报》公布的最早"卫星"就是："中共中央中南局第一书记陶铸同志亲自种的《卫星田》亩产稻谷三万斤。"

王任重：时任湖北省委第一书记，直到 1959 年秋，王任重还在人民日报上发表文章，题目就是："学习马克思，超过马克思。"

胡耀邦：时任团中央书记，与毛泽东同是湖南湘潭人。1962 年毛泽东派他回老家了解情况，他回京向毛泽东说了假话。1978 年胡耀邦任中央党校副校长时讲到："完全是大跃进造成饿死人。可我不敢把真情向主席报告呀，如果我说了会毁了我的一切，会遭到像彭德怀一样的下场。"

赵紫阳：时任广东省委书记，1959 年秋季，他亲自蹲点广东徐闻县，在那里大力开展《反藏粮运动》。

　　……

由于铁的事实证明：中国的文化大革命打倒的正是毛泽东1961 年得知中国大量饿死人时所讲的"共产党内的行尸走肉"，所以中国的文化大革命正是毛泽东对中国大量饿死人事件的隐性处理和冷处理。今后，对于中国饿死几千万人事件，我们只需要追认，不必用处理。中国的文化大革命正是毛泽东充当了李自成，率领人民打倒了饿死人的刘邓政府。苏老当今正是理解到这一步，才敢于提出为文革翻案，才敢于提出要正视文化大革命。

其三，中国文化大革命的历时，到底是三年还是十年？（以下专门研究）

　——弄清了以上三个问题，你就会明白：到底是当年搞文革的数亿中国人发疯了呢，还是当今的世人认识问题痴迷呢？

二、"文革"的历时

中国的文化大革命运动到底是三年还是十年？毛泽东说是三年；邓小平说是十年。我们认为毛泽东讲的是正确的，邓小平　　　　　　　　　　说　　　　　　　　　　　　　的是荒谬的。

弄清中国文化大革命运动的历时十分重要。如果连这个数就不识，可见愚昧到何种程度？如果连文革历时就弄不清，这种人有什么资格评论文革？弄清文革历时，是研究文革最起码的问题，是最首要的，也是最重要的问题之一。

邓小平定文革为十年，邓小平多次说过："文化大革命是十年浩劫。"这是非常无知，非常荒唐，非常狂妄之举。邓小平就是一个无知到连数就不识的人。别的荒唐不说，就说1974—1975 年，在周总理病重期间，你邓小平主持过两年的中央日常工作，也该讲成"八年浩劫"呀！如果是"十年浩劫"，你邓小平就搞了"两年浩劫"。正因为有邓小平荒唐在先，所以到了 2006 年，文革 40 周年纪念时，不少文人在报纸上发表文章，说"中国的文革自 1966 年开始，一天也没有停止过，至今已经历时四十年"。幸亏这些人没有荒唐到讲"四十年浩劫"。其实也不怪这些文人荒唐，因为这些文人是中了邓小平的流毒。我们说邓小平狂妄是指十几亿伟大的中国人民在中国共产党的领导下，历时十年怎么会一点成绩都没有，而是"十年浩劫"呢？还是老百姓能抓本质看问题：老百姓从来不提"三年文革"、"十年文革"、"四十年文革"；而是讲"66 年文革"，即 66 年开始的文革。

毛泽东定文革历时为三年，毛泽东多次讲过："文化大革命一年发动，二年看成果，三年收尾。"实际情况基本上是符合党中央和毛泽东发动文革时预定的时间。发动文革其实只用了半年的时间。1968 年 10 月中共八届十二中全会，通过了《叛徒、内奸、工贼刘少奇的审查报告》，决定永远开除刘少奇的党籍。这正是"二年看成果"。待到 1968 年文革第三年所有的造反组织全部解散了；中共文革领导小组也解散了；文革的先锋队和主力军青年学生于 1968 年底全部上山下乡或回乡了，难道这个收尾还不算彻底吗？

我们之所以认为文革历时为三年是正确的，因为文革结束有四大标志：

其一，文革的历时，《十六条》中有明文规定"用三年时间"，以后的中央文件找不到有任何"延期"之说。

其二，文革的目的就是为了"整党内走资本主义道路的当权派"，1968 年最大的走资派刘少奇已被打倒，标志着文革的主要目的已达到。

其三，红卫兵组织全部解散，及中央文革领导小组于 1969 年 4 月中共"九大"正式宣告解散，这是文革结束的最明显的标志。没有领导又没有队伍了，是谁在搞文化革命？难道是邓小平？

其四，1969 年 4 月 1 日中共全国第九次代表大会的召开，是文革结束的最主要的标志。

这里须要说明的两点：

一是"文化大革命运动"与"文化领域的革命"是有区别的，虽然作为"运动"三年是结束了，但常规性的文化领域的革命是不存在结束的。共产党的几乎所有运动都没有明确的结束日期，原因就在于此。

第二点要说明的就是林彪事件与文革是两码事。文革是为了打倒刘少奇，林彪还是文革的副统帅。1971 年 9·13 林彪被摔死，这是一件意外之事。其实这也能证明文革已结束，连文革的副统帅就又出新问题了。如果林彪不摔死，毛泽东还准备保留林彪的常委职务。

除了以上四大标志外，还有曾发生过四件大事，既可以证明文革结束，又能证明"十年浩劫"是谬论：

第一件事就是中国自 1968 年开始，掀起全国性的、大规模的、轰轰烈烈气壮山河的"三线建设"高潮。

第二件事就是全国的大学自 1970 年起开始恢复招生，而且实行一种崭新的招生制度——"推荐选拔"。

第三件事就是国家干部体制，自 1969 年起实行"亦工亦农"的干部制度。

第四件事就是 1971 年 10 月 25 日联合国正式承认中华人民共和国政府是中国的唯一合法政府。这是世界对中国文化大革命的肯定。

邓小平为什么要把文革历时定为十年呢？

其一，是为了贬低毛泽东。其恶毒用意有两方面：一方面公开反对毛泽东定的文革三年；另一方面则是说明你毛泽东发动的文革自己结束不了，没有能力结束，只有我邓小平才有能力结束。

其二，是为了制造混乱。任何事情，时间越长就越混乱，就越难以搞清楚。任何人，时间越长如果不计成绩，专找问题，则问题就越多，错误就越大。

其三，是为了夸大打倒刘少奇政府所付出的代价。"为了打倒刘少奇，尽花了十年功夫"，其实只用了一年。

三、对逮捕"四人帮"的认识

1）到底是谁逮捕了"四人帮"？

按理讲：华国锋是个老实人，已经被毛泽东指定为接班人，四人帮也决不会反对毛泽东这一决定。华国锋怎么会想得出逮捕"四人帮"呢？叶剑英是个懦将，黄埔军校教官出身，十大元帅中唯一只有他一生未受任何一点伤。在文化大革命中叶剑英是军队文革领导小组组长，不但自己未受整，而且是整别人的人。特别是几大元帅挨整，都与叶有关。76年叶剑英已是八十多岁的人了，而且是他的政治生涯中地位处于一生中最高点的时候，中国二号人物，仅次华国锋，他怎么会想得出逮捕"四人帮"的点子来呢？带着这些问题，笔者进行了研究。终于弄清了逮捕"四人帮"的内幕。中国有句常言："世界上没有无缘无故的爱，也没有无缘无故的恨。"原来逮捕"四人帮"也是邓小平一手策划干的。原来这场"宫廷政变"邓小平是幕后的总导演。

关于逮捕"四人帮"的内幕：逮捕"四人帮"名为华国锋领导干的，名为叶剑英出的点子，李先念是叶剑英和华国锋之间的联络员，其实幕后的策划正是邓小平。邓小平 1976年，"天安门事件"失败后，隐身于广州军区许世友处，其间与叶剑英、赵紫阳于广州搞过一次秘密会面。密会时邓小平指示说："难道我们就这样无权的等着任他们来宰割吗？难道我们就允许那四个人使我们的国家倒退一个世纪吗？要不我们就跟他们斗争到最后一口气。如果我们胜利了，一切难题就会迎刃而解。如果我们失败了，那些活着的人们就上山去，继续战斗，或者流亡国外等待时机。我们目前在广州、福州和南京有据点，可据此点来跟他们斗争。但如果我们现在不斗争，将遭到彻底的失败。"（见邓小平传 P240 页）由此可见邓小平根本不管国家分裂，只管夺权。其间邓还密召了许多人安排部署政变。

2）逮捕"四人帮"是严重违反中华人民共和国宪法的。

中华人民共和国宪法第二章"公民的基本权利和义务"中第三十七条明文规定："中华人民共和国公民的人身自由

不受侵犯。任何公民，非经人民检察院批准或者决定或者人民法院决定，并由公安机关执行，不受逮捕。禁止非法拘禁和以其他方式非法剥夺或者限制公民的人身自由，禁止非法搜查公民的身体。"

对照国家宪法第三十七条，逮捕"四人帮"既没有人民检察院批准或决定，也没有人民法院决定，而是中共中央部分负责人密谋决定。更没由公安机关执行而是中共中央警卫团执行。所以完全是属于非法的。

1976 年 10 月 6 日由华国锋、叶剑英、李先念密谋。由汪东兴出面，假称参加政治局会议，将"四人帮"诱到中南海，由埋伏的中央警卫团 8341 部队执行逮捕行动。这在中共党史上是罕见的，在世界上所有的政党的党史上都是罕见的。政党是资本主义的产物。必然比封建时代的宫廷政治要民主。逮捕"四人帮"是采用封建时代的宫廷政变的手段。

3）邓小平恨江青是冲着毛泽东来的。

——江青是毛泽东四十年的夫人，也是中国近代史上一位最杰出的女性。

江青于 1976 年 10 月 6 日在毛泽东死后第 27 天被捕。被捕时身任中共中央政治局委员。判死刑缓期 2 年执行。1987 年保外就医，1991 年 5 月 14 日在寓所自缢身亡。终年 78 岁。留有遗言："执子之手，与子相伴，主席，我爱您，您的学生跟您来了。"现在让我们还原一个历史的真江青：

要研究文革，必须研究江青。因为江青既是中央文革领导小组组长，又是毛泽东的夫人。只有恢复了江青的本来面目，才能正视文化大革命。

A、江青简历

1914 年 3 月出生于山东省诸城县，其父李德文是一个木匠，江青小时叫李进。

1929 年考入山东省实验艺术学院学习。

1931 年到青岛大学当旁听生。

1932 年在青岛大学图书馆担任出纳兼管理员，同年江青 18 岁在俞启威的介绍下加入了中国共产党。

1933 年受青岛市委指示，与俞启威假扮夫妻，组成家庭成立党的一个交通站，负责青岛组织与上海党中央的联络。五个月后，俞启威因叛徒出卖被捕，李进逃脱赴上海，中断了与青岛市委组织的联系。同年秋李进在上海加入"左翼教联"，由于安全受到威胁，在中央地下组织安排下，她转移到北京大学当旁听生。（俞启威解放后任过天津市委书记）

1934 年春改名李云鹤被地下党组织派回上海，在一个基督教女工夜校里任教，同年 10 月第一次被捕，由于敌人找不到证据，李云鹤一口咬定是有人陷害，于 1935 年 2 月被基督教堂两个洋女人出面保释，始终没有暴露共产党员身份。1935 年出狱后，党组织指示她"利用当演员掩护身份"，"公开场合以黄色面目出现"。1935 年 2 月—1936 年 5 月一年多的时间里，取名蓝频，先后主演了《玩偶之家》里的"娜拉"，《狼山喋血记》影片主角；及《王老五》影片王老五之妻，走红了上海。其间 1936 年 4 月 26 日与编剧唐纳结婚。婚姻只保持了一个多月，于 6 月上旬就分手了。唐纳是个文人，与江青同岁，分手的原因一因政治原因，二是生活和不来，唐纳是效忠国民党的文人，后来做过孔祥熙的秘书。

1937 年初夏蓝频赴延安改名江青，途径西安八路军办事处认识了周恩来，当周恩来了解到江青已经是一个多年党龄的共产党员后，经周恩来介绍认识了毛泽东。

1938 年与毛泽东正式结婚，周恩来是介绍人。那年江青才 24 岁。

1937 年—1976 年，江青做了 40 年的毛泽东夫人，也是江青职业从事政治的 40 年，历经了抗日战争，解放战争，社会主义建设和文化大革命。抗日战争和解放战争期间，江青的正是头衔是"中央军委秘书"。其实江青是毛泽东的秘书，既是生活秘书，又是政治秘书，还是军事秘书。其间毛泽东的不少名著就是江青起草的，例如：《在延安文艺座谈会上的讲话》、《将革命进行到底》等，一般的电文更多。其间，毛泽东指挥的许多战役，包括三大战役，其部分军事部署就是产生于时任中央军委秘书江青的脑袋瓜。文革期间因运动需要，江青出任中央文革小组第一副组长、组长直到后来的中央政治局委员，被称为党和国家的领导人。

1976 年—1991 年，江青坐共产党的监狱十五年。十五年的狱中生活，江青与华国锋、邓小平、汪东兴、叶剑英、李先念的代理人进行了不屈不饶的斗争，证明江青不愧为毛泽东的夫人，不愧为中国近代史上一位伟大的女性。
1991 年 5 月 14 日，江青以悲壮之死对邓小平作出最后的斗争。江青死前说的最后一句话是："我这一生能够和毛泽东同志联系在一起，是我最大的满足。我无愧地说，我为毛主席的路线已经战斗到了最后的一息。"
B、关于江青的几点说明
第一点，江青不是第三者。

江青与毛泽东新婚是公开的、正当的、合法的。现今有许多文人写书把江青写成第三者，说毛泽东与贺子珍的婚姻关系还存在期间，江青勾上了毛泽东。后来中央政治局常委会没有办法，只得"约法三章"。
流传的《约法三章》各种各样，意思都是不承认江青是毛泽东的夫人，江青只能算毛泽东的情妇。其中流传较广的是"中央书记处对毛江结合的《约法三章》"："一、毛贺的夫妻关系尚存，在没有正式解除时，江青不得以毛泽东夫人自居；二、江青同志负责照顾毛泽东同志的生活起居与健康，今后谁也不得向党中央提出类似要求；三、江青同志只管毛泽东同志的私人生活与事物，二十年内禁止党内担任任何职务，并不得干预过问党内人事及参加政治生活"。

这些东西纯属捏造，共产党岂有剥夺一个老党员为党工作的权力之规矩？事实是毛江婚后不久，江青被党中央正式任命为"中央军委秘书"。

　　还有一个文人捏造得更离谱，说 1945 年毛泽东赴重庆谈判还带着江青，蒋介石为了嘲讽毛泽东，提出为毛江补办婚礼，结果毛在婚礼上激动得高呼"蒋委员长万岁！"事实是：其间江青为了治病加至对毛泽东的安全牵挂是曾秘密去过一趟重庆，但只是在八路军驻重庆办事处住了几天就返回延安了，蒋介石根本不知此事，何来补办婚礼？

　　毛泽东与贺子珍是于 1936 年闹离婚的，1937 年 7 月中央正式批准毛贺离婚，江青是 1937 年才去延安，1938 年才与毛泽东结婚。而且毛泽东与贺子珍离婚主要怪贺子珍吃醋，闹得毛泽东无法工作；并不怪毛泽东喜新厌旧。下面请看斯诺书中的记载：

　　1936 年美国记者史沫特莱为了写朱德传记《伟大的道路》，她在延安采访，吴莉莉是史沫特莱的翻译。为了活跃一下延安的文艺生活，史沫特莱、吴莉莉及作家丁玲开展了延安方步舞活动。这样使毛泽东认识了这些女士。

　　贺子珍是一个思想狭窄爱吃醋的女性，于是发生了一场恶作剧：有一个夜晚，史沫特莱刚刚睡下，窑洞外面有布鞋走路的声音，她听到毛泽东轻柔的南方口音。这是主席去隔壁吴莉莉的窑洞，洞里的灯还亮着。史沫特莱就听见他敲门，听见门打开又关上。她正好想入睡，忽听一阵急促的脚步声冲上山来。接着，吴的窑洞门被推开，一个女人来到的声音划破了寂静："混蛋！你竟敢欺骗我，溜到这个资产阶级舞女家里来。"

　　史沫特莱跳下床，披上外衣，跑到隔壁窑洞。毛的妻子正用一个长手电筒打毛主席。他坐在桌旁的板凳上，仍旧戴着他的棉帽子，穿着军大衣。他没有制止他的妻子。他的警卫员正站在门旁，显得很尴尬。毛的妻子狂怒地大哭大叫，不停的打他，一直打到她自己上气不接下气才停手。毛最后站了起来，他看上去很疲倦，声音沉重严厉："别说了，子珍。我和吴莉莉同志之间没有什么见不得人的事。我们不过是聊天。你作为一个党员，正在毁掉自己，你干的事你应该觉得可耻。趁别的党员还不知道赶快回去吧。"

毛的妻子突然转向吴莉莉，莉莉背靠墙，像一只被老虎吓坏了的小猫。贺骂莉莉："舞厅的婊子！你大概和什么男人都勾搭，还想欺骗主席？"接着她走近莉莉，挥起手中的手电筒，另一只手抓她的脸，揪她的头发。血从莉莉的头上流了下来，莉莉跑向史沫特莱，躲在她身后。这时毛的妻子又把怒火对准了史沫特莱。"帝国主义分子！"她喊道。"都是你闹出来的，回你自己的窑洞去。"接着她用手电筒打了这个"洋鬼子"。史沫特莱可不是好欺侮的。一把将她推倒在地，羞耻胜过疼痛。毛的妻子躺在地上失声叫道："你算什么丈夫，还算是男人吗？你真是共产党员吗？我就在你眼皮底下挨这个帝国主义分子的打，你一声也不吭。"毛责备妻子道："她没有惹你，是你打她的。她有自卫的权利，是你羞辱了我们，你的行为简直像美国电影里的阔太太。"毛气愤至极。但尽力克制着，他命令警卫员扶起他的妻子送她回家。贺不甘罢休，不肯起来，毛不得不叫来另外两个警卫员，最终使歇斯底里的贺离开了。他们下山时，毛默默无语的跟在后面，许多人从自己的窑洞里伸出头望着他们走下山去。

第二天早晨，全城都在议论这件事，这使毛不得不重视此事，他召开了中央执行委员会，解释了他的行动并听凭他们做最后决定。委员会决定把此事作为"秘密事件"处理，发布了禁止议论此事的命令。但谁也制止不了毛的妻子。她把其他妇女召集起来，以求得她们的支持。提出把史沫特莱、吴莉莉和毛的警卫员都赶出延安，她还试图禁止延安跳舞。

没多久，延安大街小巷满是对罗曼蒂克爱情和婚姻问题活跃的讨论，有赞成和反对的两种意见。年轻人开始问："如果毛主席管不了他的妻子，他怎么对其他人下命令呢？"毛再次与党的中央执行委员会讨论这件事，他请求他们同意离婚以彻底解决问题。

正在此时 1937 年七月七日卢沟桥事件发生了，中国正式对日宣战，延安突然进入战争准备状态。因而，中央作了迅速的简单决定，正式批准毛离婚。毛的妻子，做为一名共产党员和革命者的不恰当行为受到了批评，并决定对她进行"政治教育"。贺子珍很快离开了延安，跑到一个遥远的村庄，以后去苏联继续接受"政治教育"。吴莉莉也被逐出延安，她同丁玲的剧组一起上了前线。

史沫特莱未被正式驱逐。于是在吴走后的一个月，史沫特莱也离开了，这要归功于延安的一些妇女领袖。交际舞却继续着。史沫特莱认为这是一个重要的胜利——向除去中国封建社会的封建思想残余迈出了一步。方步在延安以外也流行起来了。采用了许多传统的农民舞（秧歌舞）的步子和节奏之后，它最后从中国地方的乡村传播到了城市。

第二点，江青与毛泽东结婚的介绍人是周恩来而不是康生。

1937 年毛泽东与贺子珍离婚之后，抗日战争开始了，全国大量进步青年奔赴延安，江青是其中之一。周恩来心中关切着毛泽东的婚姻问题，当时他负责八路军办事处的工作。江青去延安第一站是到西安见到周恩来，当他了解到江青精明能干、年轻漂亮，具有文化教养，她虽是一个才 23 岁的姑娘，但已经是一位具有五年党龄的老地下共产党员。周恩来开始便以建议毛泽东接见一下上海来的抗日青年为名安排毛江相见，后来发现毛泽东对江青有好感，才正式介绍毛江结合。康生是在毛江结婚之后才知道此事的。

关于周恩来是毛江的结婚介绍人，当时延安在毛主席身边工作过的同志都知道，师东兵的书中有较详细的记载。在毛江的结婚仪式上，江青深深地"向介绍人鞠躬"之后说："我永远是你周副主席的学生和下级，我的职务就是协助主席工作。"参加婚礼的张闻天接话说："是照顾好主席的生活和身体"。周恩来马上纠正说："协助主席工作是对的，江青同志对马列主义学习的很好，这点上也值得我们向她学习。"

后来江青在狱中，有一次汪东兴审问江青："你为什么要反对周总理？"江青解释说："我们工作中有时有分歧，这是正常现象。但我从来没有反对过总理。他是我和主席结婚的介绍人，他几十年如一日一直是主席的参谋长，主席任何时候都离不开总理，我怎么会反对他呢？"正是因为江青的辩解引起"特别法庭"的高度重视，为了审判四人帮的需要，为了不影响周恩来的名声，按照李先念的指使，"特别法庭"审理结果安排康生为毛江结婚的介绍人。

第三点，关于毛泽东与江青 40 年的夫妻生活。

首先得说明的是江青在上海当过演员，并与编剧唐纳结过婚一事，在和毛泽东结婚之前就向毛泽东介绍清楚了，江青与唐纳结婚本身是受地下党组织的指示"以黄色面目出现"，江青根本没有必要隐瞒，周恩来已安排上海党组织做过了解。江青小毛泽东 21 岁，是毛泽东的第三位妻子。有些人丑化江青，假设是他自己的女儿，才 23 岁遭到如此丑化，不知他又会怎样？

其次要说明的是 40 年的历史长河，毛泽东对江青总的来讲是终生充满了爱。毛泽东多次讲过："我和江青是要永远在一起白头到老的。我和开慧、子珍在一起的时候就没有这种感觉。不知是怎么？"毛还讲过："我就是喜欢江青这性格。如果一个人没有性格，人云亦云，那不和机器人一样了吗？"江青在牢中对指控她晚年与主席分居辩解道："我同主席分居是主席从大局出发，从工作出发主席自己提出来的。主席不愿意让人说我们是夫妻治国，所以才分居。这是正大光明的事，主席当时跟总理，林彪都打过招呼。"

第四点，关于江青在延安的十年。

江青在延安的十年可以概括为一句话："她是毛主席的贤内助。"

当时，刘少奇、王明、张国涛等都曾多次赞扬道："江青真是毛主席的贤内助。"一次江青受毛主席的委托代表他去医院看望王明时，通过交谈王明激动的说："毛主席有你这样的贤内助，这也是我们党的福分。"

战争的年代，江青在延安任中央军委秘书，当时没有秘书长，她经常参加军事机要的决策。特别解放战争期间江青在毛泽东身边，几乎全部的重大战役部署，江青都参与了。

在延安期间，刘少奇经常向从前线赴延安参加中央会议的人介绍说："同志们，给大家介绍一下，她就是毛主席的夫人江青同志，她可是主席的贤内助啊！她在主席的身边，不仅照顾着主席的身体健康，而且还担负着主席的机要秘书，她实际上是在协助主席领导全党的工作。"

王明在延安曾对人夸奖江青说："江青同志真是一个有水平的女人，老毛有这样的女人，也是我们党的福分。"

在延安时期有一位历史教授曾夸道："江青同志将是中国历史上一位最杰出的女性。我看她还会在中国的未来发挥更大作用。"

毛泽东在延安时也说过："江青在我跟前起的作用可是不小，她不但是我生活上的助手，而且也是政治上的助手。"

第五点，关于江青在文革期间的所作所为。

总的来讲，江青在文革期间的所作所为基本上是执行的当时党中央的决议，以及毛泽东和周恩来的指示。

《起诉书》指控："综合上述犯罪事实，林彪、江青反革命集团诬陷迫害国家主席，全国人大委员长、国务院总理、中共中央总书记、及党和国家其他领导人，迫害镇压广大干部和群众，阴谋杀害毛泽东主席，策动武装叛乱，证明他们是以推翻无产阶级专政的政权为目的的反革命集团。"

江青在牢中辩解道："我在文化革命中的所有活动，都是按照党中央决定办事的。许多的材料都有周总理的批示和签名，也有毛主席的批示。《刘少奇专案组》是周总理任组长，并且是周总理最早怀疑刘少奇是叛徒的。打倒叛徒、内奸、工贼刘少奇，是党的八届十二中全会决定的。怎么能成我江青之罪呢？"

对此，及将取代华国锋出任国家主席的李先念专门指示到："你们真是没有头脑，有些东西本该销毁的，不该存档。如果破坏了这次审判"四人帮"的工作，你们都该打屁股。"于是他们把大量周恩来的批示都销毁了，干脆把周恩来是毛江结婚的介绍人也改为康生。

《起诉书》指控江青："1974 年 10 月 17 日，江青、张春桥、姚文元、王洪文在北京钓鱼台 17 号楼密谋策划，18 日由王洪文到长沙向毛主席诬告周恩来、邓小平等搞篡权活动，阻扰邓小平出任第一副总理。"

江青在牢中辩护讲："王洪文当时是主持中央日常工作的副主席，与我们几个政治局委员在一起研究一下中央的人事安排，然后向中央主席去汇报看法，这犯的什么罪？"

《起诉书》指控江青："江青是文革武斗的罪魁祸首。"

江青在牢中辩护讲："我讲过文攻武卫那是为了制止武斗。在文化大革命中，给群众组织发枪，华国锋是第一个，当时并受到周总理和中央文革小组的严厉批评。"

关于毛泽东说江青"她是代表她自己"的由来：1974 年 7 月 14 日，毛泽东亲自主持了政治局会议，在谈到林彪问题时毛泽东说："我们的同志，包括所有的中高级干部都要严格要求自己的亲属和子女，不要学林彪搞成家天下。二十多岁的年轻人捧成超天才，老婆成了代言人，江青是我的老婆，她就只是政治局的一员，她的发言并不代表我，她只能代表她自己。有些同志问我，是不是江青能代表我，我就说的很清楚，她是她来我是我。总而言之，她是代表她自己的。"

毛泽东当时讲此话，显然是为了批判林彪搞家天下，儿子被捧成超天才，老婆当其发言人。申明自己的老婆江青只能代表她自己是政治局的一员。没想到这句话后来成了华国锋、邓小平审判江青的主要借口。

第六点，关于逮捕江青的说明。

关于逮捕江青，叶剑英在玉泉山政治局会议上以"毛主席的临终遗嘱"这样讲到："毛主席曾和我多次强调说：四人帮的问题一定要解决，不然要出大乱子。毛主席临终前还捏着我的手叮嘱说：我死后江青可能要闹事，你要协助国锋同志制止他们。"

这是叶、华等人伪造的"毛主席临终遗嘱"，真是弥天大谎！历史事实是毛泽东临终前未与叶剑英谈过一句话，只是握过一次手，根本不存在"临终遗嘱"，毛泽东死前已经几个月不能讲话了。写给华国锋的字条其实是"你办事我放心，有问题找江青"12 个字。天底下哪会有一个英雄男人临终前留下遗嘱，委托他人逮捕自己四十年的妻子？对于所谓"四人帮"，历史事实是 1975 年当江青与邓小平闹对立，毛泽东发动批邓时说过："我批评江青，是因为她的工作方法有问题。但是我同邓小平之间现在的斗争是原则问题。工作方法问题不要大惊小怪，慢慢解决，主要是提高水平。上半年解决不了，下半年解决；今年解决不了，明年解决；明年解决不了，后年解决。但是批邓则必须要抓紧。这是国内最主要的任务，关系到将来。"

第七点，关于审判江青的说明。

不看起诉书则以为江青等人真犯有什么了不起的罪行，认真研究之后方知这完全是把党内的路线斗争刑事化。"特别法庭"本身就是一个特别违法的组织。挂名的审判长江华、伍修权只是邓小平的代理人，邓小平和彭真才是真正的审判长。在审判"四人帮"的后期，华国锋、汪东兴已经面临邓小平及将一脚踢开的背景。

江青是与林彪斗争的主将，且出事时间相差五年，是邓小平荒谬的将林彪与江青合并为同一"反革命集团"。1978 年 6 月 2 日邓小平刚一上台就在全军政治工作会议上讲："我们要想把四人帮揭深批透，批倒批臭，非与林彪联系起来不可。""我建议把江青集团和林彪集团合在一起来审理，这样才能出效果。"

1980 年 9 月 8 日邓小平对司法机关指示讲："不能再等了，立即准备审判工作。用什么方式呢？成立特别法庭，搞一审终审，不给他们什么上诉的机会。江青要狠狠的判，这个家伙杀头也不为之过。王洪文虽然低头了，但这个家伙正年轻，出去后还是会闹事的。总之，一句话：就是要快点审。越快越好！"

于是古今中外，一场由"特别法庭""一审终审不给上诉"草菅人命的司法闹剧在中国上演了。邓小平是导演。

例如：起诉书指控江青"陷害毛主席"，江青在法庭上辩解到："这简直太离谱了！少打针查血这是主席自己的要求。他多次讲：不要光相信医生的话，我的身体我自己知道，就是老了，没有大病。主席躺在那里，他们懒得给主席翻身，主席身上都起了疮，不搽爽身粉能行吗？主席病倒后，我去的最多，他们怕脏怕累，反倒说我陷害主席，岂有此理！"

又例如：指控江青在毛主席病危时"逼着向毛主席要钱"一事，江青辩解说："因为毛主席在发动文化大革命之初曾对我说过：如果文化大革命失败，我们两人都有坐牢的可能。到时能保全一人就保全一人，留得青山在，不怕没柴烧。所以为了以防万一，在主席病倒后我是向主席要过钱，主席已答应从他的稿费中给我两万元。当时我叫把存款单交给张玉凤或者毛远新保管着。后来认为这是资产阶级法权，结果还是没有要。"

第八点，关于审判江青的国际影响。

在特别法庭未判决之前，华国锋、邓小平都做过指示："不能让江青活着出去。""江青要狠狠地判，这个家伙杀头也不为过。"可是当时许多国际组织，特别是世界妇女组织的代表到中国驻联合国机构门前举行游行，呼吁全世界的妇女人士对营救江青给予关注。她们说："江青是中国的女政治活动家，是世界著名领袖毛泽东的遗孀，她在中国的政治斗争中败北，由于在国际上的影响和所起的作用，我们认为不能对她采取像一般的刑事犯罪那样判处。保全江青的生命是维护妇女参政问政权力的一个组成部分。"

还有不少国家的政府领导人也致电北京要求对毛泽东的夫人网开一面。事先华国锋和邓小平都主张杀掉江青，出于国　际　的　影　响　和压力最终才使得江青没被杀掉判为死缓。

4）一张历史照引起人们的寒心之感。

2011 年 2 月 13 日新华网转载《羊城晚报》刊登的 1976 年 9 月 10 日于毛泽东刚刚逝世的病榻前，中央八大成员，手挽手的一张合照。合照中八大成员从左至右依次排列为：

张　　王　　江　　华　　毛　　姚　　陈　汪

春　　洪　　　　　国　　远　　文　　锡　东

桥　　文　　青　　锋　　新　　元　　联　兴

仔细研究不难发现如下五点：

①这显然是毛泽东死前授意让毛远新通知聚会的。毛的意愿就是想让下一届中央常委能是此七人组成。因毛远新还不是政治局委员，最多只能升任政治局委员，现有的政治局常委还有叶剑英、李先念两人没通知到场，是因为他俩年龄太老了。此八大成员中陈锡联年龄最大也不足 70，江青第二当年 62 岁，手挽手合照在中共党史上这是仅有的一次。说明此八人正是毛泽东死前最寄厚望之人，此八大成员决不是随意偶尔碰在一起的，可以说这就是毛泽东遗愿的未来中央领导集团。这就是真正的"毛主席遗嘱"。

②江青的左右手分别被两位副主席华国锋和王洪文握住，毛远新也排站中间，这是表明中央对死者家属的安慰。

③此合照过后不足一个月，八大成员有五人遭到逮捕（王、张、江、姚、毛），有两人当了判徒（华、汪），只有陈锡

联一人为军队干部例外，随后也遭到撤职。这怎么不令人寒心呢？

④1976年10月6日中国所谓的"一举粉碎四人帮"，其实是"五鬼闹判大政变"。闹叛变的五大鬼分别是：邓小平、叶剑英、李先念、华国锋、汪东兴。是此五人构成"五鬼闹叛集团"，其中邓小平为暗中的鬼头，华国锋只是冒名的鬼头。试问：逮捕"四人帮"之决策到底是在此合照之前，还是在合照之后谋定的呢？显然是在此合照之前。邓小平传P240页有明文记载，是邓小平暗藏广州找叶剑英前往而谋定的。谋定后趁毛泽东一死由叶剑英伪造"毛托叶协助华国锋解决四人　帮　"　的　"　毛　主　席遗嘱"，进而拉华国锋和汪东兴入伙，构成"五鬼集团"。

实践证明："五鬼集团"又是由两路鬼构成：邓、叶、李为一路老鬼；华、汪为一路新的叛鬼。大政变成功后，华、汪被邓小平一脚踢开，就凭邓小平一句话："华国锋没有什么独立的东西，就是两个凡是。"

实践证明：共产党1976年10月6日相当于国民党1927年的4月12日，邓小平背叛毛泽东比起蒋介石背叛孙中山有过之而不及。中国的"五鬼闹叛大政变"，不仅使假共产党背叛了 真共产党所领导的文化大革命，也背叛了真共产党所领导的社会主义革命，甚至还背叛了真共产党所领导的推翻蒋家王朝的新民主主义革命。一句话，假共产党彻底背叛了革命，从而在中国建起了"邓式王朝"。

什么叫"邓式王朝"？即以邓小平理论为指导纲领以邓小平钦定的徒子徒孙为国家元首的极权社会。"邓式王朝"比"蒋家王朝"更坏，坏至隔代钦定，假共产党比国民党中的反动派更坏，坏至几乎是整个党。简直听不到不同的声音。

⑤中国的假共产党搞"大政变"之所以能成功，也暴露了毛泽东老了的 过失。常言道："智者千虑必有一失。"人老了都会糊涂，这是自然规律，糊涂了连智者就算不上。

毛泽东老了的过失主要是两点：一是犯了大忌，二是认人失误。所谓犯了大忌：就是不该在临死前三个月更换接班人。常言道："临阵换将大不吉"。这些禁忌不是迷信，而是真理。毛泽东自然确定王洪文为副主席，而且王洪文已主持多年的中央日常工作，就不应该变掛。王洪文在文化大革命中不是凭共产党的红头文件，而是凭自己的实力能成为上海市几百万产业工人的领袖这就是个难得的人才。

关于毛泽东认人失误：毛认人失误的第一个人就是邓小平。毛泽东被邓小平三次流泪写成的"永不翻案"的捡讨所迷误，自以为传达至全党，邓小平就真的翻不了文革之案了。邓小平已经 70 岁了，毛不但启用了邓小平，而且还给予了高于文革打倒前的职务，这是毛泽东最不该做的一件事。

毛认人失误的第二个人就是华国锋。毛泽东只看到华国锋老实的一面，没看到华国锋就是一个两面派。如果说签字逮捕"四人帮"是华国锋被利用，那么在后来"真理标准大讨论"中，为什么华国锋还是一个两面派？华国锋背叛毛泽东就象他背叛苏家一样：众所周知，华国锋本姓苏，莫名其妙的改姓华。

毛认人失误的第三个人就是叶剑英。叶剑英敢于伪造毛泽东遗嘱，这不是一般老奸巨猾之人所能干得出来的事，这与毛泽东的忠奸不明不无关系。

毛认人失误的第四个人就是汪东兴。在认识汪东兴这个人方面，毛泽东不如江青，江青已从汪东兴跟着林彪而反毛泽东进而看出汪东兴是个两面派，并向毛提醒过，可毛听不进江青之言，结果大意失荆州。

总之，毛泽东不是神，而是人，人都是越老越糊涂。糊涂之决策既伤害了革命又伤害了家人。毛泽东最大的糊涂是明明1949 年 6 月 30 日在西柏坡写《论人民民主专政》时就讲到要消灭党，为什么进京后全忘了？如果不忘，文革的胜利则是消灭党的最佳良机。可毛泽东不是还权于民，而是让共产党复活取代了"革命委员会"，变本加利的"领导一切"。特别是文革后期，把被打倒的走资派 95%又解放出来，也许刘少奇不死，还会解放刘少奇，这怎么不叫"五鬼闹叛大政变"大获成功呢？自古以来，定义中国的"昏君"就是指忠奸不分、重用奸臣、加害忠良。

四、中国的文化大革命是十年浩劫吗？

邓小平说文革是"十年浩劫"，这是真的吗？我们看一下周恩来总理代表中国人民和中国政府是怎样回答这个问题的。

1974 年周恩来在全国人民第四届代表大会所作的《政府工作报告》中讲到"我们超额完成了第三个五年计划 ，农业总产质比 1964 年增长百分之五十一，这充分显示了人民公社制度的优越性。全国解放以来尽管我国人口增加百分之六十，但粮食增产一点四倍，棉花增产四点七倍。在我国这样一个近八亿人口的国家，保证了人民吃穿的基本需要。工业总产质 1974 年比 1964 年增长一点九倍，主要产品的产量都有大幅度增长，钢增长一点二倍，原煤增长百分之九十一，石油增长六点五倍，发电量增长两倍，化肥增长三点三倍，拖拉机增长五点二倍，棉纱增长百分之八十五，化学纤维增长三点三倍。在这十年中，我们依靠自己的力量，建立了一千一百个大中型项目，成功的进行了氢弹试爆，发射了人造地球卫星。同资本主义世界经济动荡，通货膨胀的情况相反，我国财政收支平衡，既无内债，又无外债，物价稳定，人民生活逐步改善，社会主义建设欣欣向荣，蒸蒸日上。国内外反动派曾经断言，无产阶段文化大革命一定会破坏我国国民经济的发展，现在事实已经给了他们有力的回击。"

以上周恩来总理的讲话已经将邓小平的"文革十年浩劫论"驳得体无完服。

五、文化大革命的主要成绩和问题

根据《基因哲学》认识文化大革命的基本观点是：

文化大革命决不是"十年浩劫""一无是处"；对三年的文化大革命应该"六四开"，即六份功四份过，成绩占主流。

主要成绩：

1）文化大革命弘扬了先进文化。主要体现在两个方面：一是进一步破除封建迷信；二是大力学习毛主席著作。

封建迷信主要表现就是信神信鬼。当今的世界尽管自然科学日益发达，可仍是一个以信神信鬼为主流的世界，然而中国能一枝独秀的以唯物论为主流，原因就在于经过了文化大革命。

有人说文革中学习毛主席著作是极左思潮，是把毛泽东神化。《基因哲学》不这样认为。极左思潮是有人搞的"形式主义"恶作剧，但毛泽东本人没有这种思想。

毛泽东退居二线，专门写书，把政权交给一线的刘邓。后来发现刘邓执政饿死几千万人，而且是不听毛泽东的建议造成的，并且把饿死人的罪过嫁祸于毛泽东搞三面红旗。毛泽东自有中计之感，所以自1960年4月出版毛选第四卷，以后就再也不整理著作了。第四卷最后一篇文章是1949年9月16日写的《历史唯心观的破产》。而且从 1966 年毛泽东给江青的信中，就可以看得很清楚："我历来不相信我的那几本小书，有那样大的神通。现在经他（指林彪）一吹，全党全国都吹起来了，真是王婆卖瓜，自卖自夸。我是被他们逼上梁山的，看来不同意他们是不行了。我猜他们的本意，是为了打鬼，借助钟馗。""全世界一百多个党，大多数的党不信马克思主义了，列宁也被人打的粉碎了。何况我们呢？"

莫说毛泽东没有被神化，就是完全被神化又怎样？美国还不是把"耶稣"神化，并作为立国之本吗？可以说毛泽东的著作确实是至今为止世界上最有水平的书。不但数亿中国人学，连尼克松就学；不但大陆人学，连蒋介石也学。直到二十一世纪台湾还掀起出版毛泽东书的热潮呢。笔者当然不是说毛的著作毫无缺点，只是认为文革其间让亿万人民普及学习一些终归有益。

2）文化大革命推翻了饿死几千万人的刘邓政府。

难道一个执政期间饿死几千万人的政府不该打倒吗？该打倒文化大革命就算搞对了。也就是说毛泽东已经利用文革对"饿死人"事件作了隐性的冷处理，今后只需要醒悟追认就行了。至于说文革打倒了无数革命老干部，这看怎么认识。许多革命老干部都没有文化，不懂经济，到了 1966 年新中国自己培养的大学生都出来了，让老人们休息，工资照拿，让年轻人早点接班，这有什么不好？

有人会说："毛泽东要打倒刘少奇、邓小平，为什么不采取在党内的会议上解决呢？而要用文化革命的方式代价太高。"

说这话的人有点太天真了，至少不了解毛泽东发动文化大革命时的历史背景。毛泽东发动文化大革命的历史背景是：退居二线的党主席毛泽东只是在全国人民心目中仍保留领导地位，在党中央已经完全丧失了实权。例如：

①1959 年 3 月毛泽东想利用中央名义发个文件，制止全国性的浮夸风，刘邓就不听。

②1959 年春毛泽东想处理制造浮夸风的罪魁祸首《人民日报》主编邓拓，刘邓则严加保护。

③1960 年 9 月邓小平为党的代表团团长，彭真为副团长，到莫斯科与苏共中央谈判，回国后邓小平只向国家主席刘少奇作过汇报，却不向党主席毛泽东作汇报。气的文革中毛泽东曾抱怨讲到："五九年以来，邓小平有事都不找我，六年不向我汇报工作。"

④自 1959 年初毛泽东退居二线，许多党的政治局会议、常委会议，邓小平都以"照顾主席身体"和"让主席静心写书"为借口，不通知毛泽东参加。由党内二把手一线领导负责人刘少奇主持。气的毛泽东有一次一手拿一本宪法，一手拿一本党章，在会议上争发言权。

⑤1961 年 3 月，毛泽东在南方做了几周考察，想在广州举行各省委书记会议，结果邓小平通知：东南、中南、西南各省委书记到广州参加毛泽东主持的会议为"三南"会议；

而东北、华北、西北各省委书记到北京参加刘少奇主持的会议称为"三北"会议。毛泽东听闻后大怒，吼道："是哪个皇帝决定的？"这是一次刘邓公开与毛泽东分庭抗礼，必然毛泽东还是在任的党的主席，后来接到毛泽东南下指示后，邓小平大为不悦。刘少奇、周恩来立即乘飞机于 3 月 14 日赶到广州，只有邓小平心怀不满坐火车迟到两天。

⑥1961 年邓小平在毛泽东的卧室和专列上安装"窃听器"。这是邓小平伙同办公厅主任杨尚昆干的。事先经过刘少奇同意的。后来被毛泽东发现，邓小平解释说是为了及时掌握毛主席的最新指示。以后写书的人说他们是为了调查毛泽东的婚外情。无论怎样，这样做都是侵犯人权的缺德行为。

以上例证足以说明毛泽东不但在中央丧失实权，连个人的人身自由就受到限制。如果走党内的路，轻点的下场会像华国锋、胡耀邦、赵紫阳一样，重点的下场会像王洪文、江青一样。

3）文化大革命大力推进了中国的民主。

文化大革命以前，中国从上至下基本上是照搬打仗时的军队作风，以"命令风"为主。文化大革命才从根本上冲击了这个体系。特别是批斗了几个元帅，更起到显著的效果。例如：红卫兵正批斗外交部长陈毅时，需要他去接见外宾，红卫兵马上将陈毅的高帽子摘下，并为他整理服装。陈毅说："就让我戴着高帽子去嘛！这样不更能说明我们中国民主吗？"

当今的文人只要一写文化大革命，就是"老干部蹲牛棚"。其实他们那时工资照拿，住"五七干校"有说有笑，劳动不重，锻炼为主，这有什么不好？按此类文人的标准，工人、农民就是一辈子"蹲牛棚"。可以说当今中国官员尽管贪官多，但是霸道的官少，这就是文革的成绩。

4）文化大革命是中国干部廉政的最佳时期，特别是"亦工亦农"干部制度的发明及广泛推广从根本上消除了当官作老爷的旧官僚体系。

文革后期搞三线建设的民工每月工资 37.50 元，而从中央到地方千千万万新上任的干部也是"亦工亦农"，每月工资 37.50 元。

例如：陈永贵任政治局委员，国务院副总理，却依然挣的是大寨工分。中央只每天给 1 元的补助。

姚连蔚任九大、十大中央委员、人大副委员长，却依然是工人身份。

吴桂贤任政治局委员，国务院副总理，却依然是以工代干。后来粉碎"四人帮"之后，吴桂贤被免职，回到原厂时，行李就是几个纸箱装。其中有一个彩电纸箱，工人们下车时还以为里面真是一部彩电，结果一看里面全是毛主席著作和一些学习文件。

尉凤英任中央委员，却依然工人身份。

王洪文任副主席，并主持党中央日常工作，仍然是在上海棉纺厂的工资标准每月 68 元。有一件事看你怎么认识：当时人民大会堂每次举办国宴后，都要把瓶中剩下的茅台酒混合在一起，然后重新装瓶，内部供应。外面一瓶茅台卖 7 元，这里内销价每瓶 2 元。王洪文因常招待上海去的客人，经常去买这种酒。此类事件到了二十一世纪的今天成了王洪文"占便宜"的罪证，星岛日报 2010 年 10 月 15 日报道的标题就是"王洪文贪图享乐"，原来本文章仅限于揭露此事。……
对比一下当今的贪官们，怎么不叫人留念文革当年的干部制度和作风呢？

5）文化大革命锻炼了中国人民，特别是知识青年上山下乡更是

锤炼了一代中国最能干的人。

文革中毛泽东把马克思主义总结成："马克思主义的道理千头万绪，归根结底就是一句话：造反有理。"中国的文化大革命正好培养和锻炼了中国人民的造反精神。59—60 年中国饿死几千万人，如果人民反省自己的话，就是缺少造反

精神：国库的粮食装的满满的，旁边大量饿死人，为什么不"造反有理"？……当今经过文化大革命锻炼的中国人民再也不会那样愚昧了。

关于知识青年上山下乡意义深远。它确实能使这一代人学到不上山下乡而学不到的东西，受到不上山下乡而受不到的教育，得到不上山下乡而得不到的锻炼。

原来笔者总以为是文革结束时，国家一时没有能力一下安排那么多学生，而采取的一种权宜之计。当笔者研究到毛泽东对其子女的教育，才醒知其实不然。毛泽东自延安时就把他的长子毛岸英送到陕西农村锻炼。又 1965 年教育侄子毛远新讲："以前我当过小学校长，中学教员，又是中央委员，也做过国民党的部长。但我到农村和农民在一起时，深感农民知道的东西很多，知识很丰富，我不如他们，应向他们学习。你至少不是中央委员吧，你怎么能比农民知识多呢？回去告诉你们政委说是我说的，今后应每年到农村去一次，这样大有好处。"

难怪当年千千万万的城市人都十分乐意把子女送农村锻炼。假如现在还有知青农场，笔者仍然愿把子孙送去锻炼一下。当今的文人只要一写知青上山下乡，就是"女生被强奸了，男生变小偷了"，岂有此理？可以说遭强奸的女生，变小偷的男生万分之一都不到。

6）文化大革命涌现了许多新生事物。

文化大革命涌现的新生事物，对人类社会的发展产生影响，今后仍具有深远意义。例如："亦工亦农"干部制度；"赤脚医生"制度；"民办教师"和"民办教育"制度；"推荐选拔"制度；"文艺下乡"制度；"上山下乡"制度……

7）文化大革命"抓革命促生产"巩固和发展了国民经济。

邓小平说中国的文化大革命使中国经济滑到崩溃的边缘。这是不客观的。文化大革命自始至终都在坚持"抓革命促生产"，在工业上三线工厂的建设给中国工业带来新的生机。相反是邓小平后来拍卖国有工厂和将三线工厂搬迁城市而劳民伤财，毁坏了中国经济。在农业方面，巩固了人民公社制度，使人民公社成为农民之家，每个人民公社都初具经济规模。相反是邓小平毁灭了人民公社，也毁灭了农民的集体经济。实践证明：人民公社制确实能把中国数亿农民组织起来，走共同富裕的道路。当今有个别坚持下来的榜样就是铁证。例如：华西、京华、南街等。中国在文革结束时宣布"既不欠内债，也不欠外债"；珍宝岛战争的胜利，都是中国经济实力巩固和发展的有力证明。

8）中国的文化大革命中国人民发明了"非暴力革命专利"影响了全世界。

最值得肯定的是：古今中外，要改朝换代都是用暴力革命，马克思主义也没有突破这一点。可中国的文革可以说是伟大的中国人民共同发明了一个专利——"用文斗不用武斗"，用"口诛笔伐"，用"四大"也能推翻腐朽的国家政权。这一专利已经在全世界得以广泛运用。

正因为中国的文化大革命受到当年世界人民的肯定，所以文革刚结束，于1971年10月25日联合国即通过了2758号决议，相继中美建交、中日建交、……这样才给中国带来新的发展。

主要错误有四点：

1）不彻底性。主要表现在没有在"改"字上下工夫。"斗、批、改"几乎变成了"斗、批、复辟"，这比没有斗没有批还要差。"斗、批、复辟"也包括"解放"了一大批被打倒的"走资派"。文革的不彻底性特别表现在：没有从根本上进行国家政权的体制改革。《基因哲学》大胆的在这里说直一点：就是没有能彻底解散共产党。文化大革命既然首先就解散了各级党委会，停止了党的生活；后来又解散了所有造反组织，实行了革命的大联合，成立了各级"革命委员会"。就应该把"革命委员会"逐步发展成"民权社会"

的"人民政府"。这样即完成了共产党"消灭党"的历史使命，又实行了"还权于民"。

如果中国文化大革命在"改"字上做文章真的能消灭共产党，就能为世界上一百多个共产党，特别是已经掌握了国家政权的十多个共产党竖起一面旗帜。这样世界上就不至于出现共产党大变质、大分裂，引起社会的大倒退。

正因为没有实行消灭所有党，走进"民权社会"，从而建立和建全一套民权社会国家政权体制，所以右派一政变，人民的民主与自由，文革的成果一切都完了。

2）失控性。主要表现在政府对"武斗"失去控制，或者说纠正不及时，处理不力。虽然文革中的武斗是违反《十六条》中"要文斗不要武斗"之政策的，但作为文革的发动者和领导者应该事先有这个先见之明，把问题解决在初始或萌芽状态。另一方面表现在对"抓革命促生产"控制不力，控制不平衡，造成部分地区和单位停工、停产、停课，对国民经济造成一定损失。

3）失误性。主要表现在斗争和批判了一些不该斗争和不该批判的人和事。尽管群众运动具有高难度的识别性，但作为发动者和领导者也应该事先心中有数，不应该抱着一个怨恨心："中国共产党里，好人早都死完了，现在剩下的都是些行尸走肉"。去整党内走资本主义道路的当权派。这样，不但党内的好人会遭殃，也会连累到党外人士，直到引起"群众斗群众"。

4）盲动性。主要表现在方向不明确，目的不清楚，步骤不具体。可以说有些东西发动者和领导者自己就是糊涂的。例如连林彪、周恩来都讲过"不理解也要执行"。还表现在时间上不紧促，拖泥带水，使参与者感到寂寞。以及对运动的阶段性总结不及时，结束的总结更不明确，导致虎头蛇尾，任人否定。

用《基因哲学》认识文革必须指出：文革不存在"失败"，因为它已经成功；只存在"否定"，三年的文革于十年后，遭到邓小平的全盘否定。只是因为后来出现了逮捕"四人帮"，才有"镇压文革"之说。

邓小平讲到："文化大革命要彻底否定，半点也不能肯定。要么就全部否，要么就不管，一点也不否，让历史怎么回答这个问题。"——一听就知道邓小平是使用的什么哲学，对于同一事物怎么既可"全部否"，又可以"一点也不否"呢？这是什么标准呢？啊，笔者醒悟了：原来邓小平从来没有标准，把实践当作标准，就等于没有标准。

正如邓小平这里也讲对了一点："让历史怎么回答"，我们相信随着《基因哲学》的发展，文化大革命终有肯定的那一天。而且不会来的太晚。当然不要全部肯定。

用《基因哲学》认识文革必须指出：邓小平文革后搞政变，彻底否定文化大革命，所伤害的干部和群众，遥遥多于文革中被冤枉批斗的人。

何止逮捕了"四人帮"，何止撤职了陈永贵，吴桂贤，姚连蔚等。从中央到地方到底逮捕了多少人？又到底撤职了多少人？特别是管制了多少人？邓小平政变后把大批的"造反派"定为"打砸抢"分子，不得招工、不得提干、不得参军、不得入党，在长达多年的时间，政审不问"地富反坏"，只审是否文革"三种人"。其实所谓的"三种人"除个别属于别有用心的刑事犯罪外，绝大多数人是按党中央毛主席指示干的。结果使全国上下，有千千万万的干部群众因邓小平彻底否定和镇压文化大革命而受到伤害。
故此把镇压文革，列为邓小平的第三大命债。

六、如何定性文化大革命？

中共《党史》对文化大革命的定性是："文化大革命是不具任何意义的革命，而是严重动乱。"
应用《基因哲学》对文化大革命的定性是：文化大革命是占绝大多数的中国人民在真共产党的领导下，对假共产党及其饿死四千万人的刘、邓政府的大造反。

人民的大造反就叫革命。毛泽东把马克思主义的道理总结为一句话：“造反有理。”

毛泽东讲道：“马克思主义的道理千头万绪，归根结底就是一句话：造反有理。”毛泽东的这个总结被中国人民谱成曲当作《语录歌》歌唱。

文化大革命的纲领性文件是《十六条》、《十六条》明文规定：“文化大革命重点是整党内走资本主义道路的当权派。”《基因哲学》正是将“走资本主义道路的共产党”简称为“假共产党”。

关于如何鉴别真假共产党？可以总结出如下十大主要标准——即《十看》。其中又以一、二两条为重点：

一看是干革命，领导革命；还是怕革命，镇压革命。

二看是清贫廉政；还是贪富腐败。

三看是“真理检验实践；还是实践检验真理”。

四看是“政治挂帅；还是反对讲政治”。

五看是斗争哲学；还是调和哲学。

六看是共产主义公有制；还是小康社会私有制。

七看是以马克思主义，毛泽东思想为指导；还是以邓小平理论，三个代表为指导。

八看是主张消灭所有党；还是主张共产党世代执政。

九看是党指挥枪；还是枪指挥党。

十看是批孔；还是尊孔。

应用第一条标准看对革命的态度，不难发现真假共产党的根本区别则在于：真共产党认为“造反有理”，假共产党认为“造反无理”。

《基因哲学》认为真共产党的观点是对的，假共产党的观点是错误。因为其一，刘、邓政府执政期间封锁消息，存粮不开仓，见死不救，有意饿死四千多万人，难道这样的政府不该打倒吗？该打倒就是造反有理。其二，历史的发展证明了文革中被打倒的人绝大多数确实是走资本主义道路的当权派，这就证明文化大革命搞对了。至于出现的许多问题，都是违反《十六条》所至。

文化大革命造反的结果为什么毛泽东把刘少奇与邓小平要区别对待呢？主要因为在中国饿死四千万人的问题上，毛泽东受　　　　　　　　　了　　　　　　　邓　　　　　　　小平蒙蔽——误认为邓小平是无意的，而认为刘少奇是有意的。毛泽东认为刘少奇是"有意想搞名堂"的，主要产生于两个地方：一是毛泽东得知全国大量饿死人的消息后，当天在毛的书房召开中央常委会，在这个常委会上刘少奇发言讲到："我同意朱老总提出的开仓赈灾，自古灾荒都是这样做的。"——这自然使毛泽东认识到："你刘少奇明知自古灾荒都是这样做，为什么当时不开仓？"

二是 61 年元月刘少奇在七千人大会上讲："所谓三年自然灾害，其实是三分天灾，七分人祸。"——这自然使毛泽东认识到："你刘少奇当主席饿死几千万人，我毛泽东还在为你担当：可你刘少奇现在尽然嫁罪于我老毛了。"

毛泽东认为邓小平是无意的，主要受了邓小平在常委会唯一反对开仓赈灾的发言所蒙蔽。邓小平讲："这次灾荒来势很猛，面积很大，不是一两年的问题 ……我看还是放宽政策，让人民群众自己动手，丰衣足食！我们有五百万军队要吃粮，还有八百万干部，五千万职工，一亿多城市人口……乡下农民还有野菜、野果、树皮、草根，我们的军队和城市职工都是连树皮、草根都吃不上。所以我说开仓赈灾要慎重。国库不富裕，也不可能从国外买进大笔粮食……话说到底，我们党和政府，无产阶级专政，就是建立在刚才总理所指的这一年零七个月的战备储备粮上。"——这自然使毛泽东认识到："原来邓小平没开仓赈灾，完全是顾全军队、职工、干部、城镇人口以及党和政府、无产阶段专政。"

《基因哲学》认为或许刘少奇是无意的；而邓小平正是有意的。其一，刘少奇不具备有意饿死人的动机，因为他明知国家体制刚确定国家主席与党主席分两人担任，他任国家主席才一年；而邓小平已任三年以上的总书记了，正还想上任党主席，只要一造成"大跃进饿死人"，毛就非下台不可。其二，无论怎样辩解刘少奇是国家元首，饿死人总是罪责难逃，难道刘少奇这个道理就不懂？可邓小平就不一样，出了问题他会说上面还有主席和副主席，他是最后的常委。其三，邓小平眼睁睁看着中国已经大量饿死人之后，公然唯一反常的反对开仓赈灾，正是为了掩盖他半年前坐阵北京，封锁消息，存粮不开仓，有意饿死人之罪。邓小平的发言其实是一派胡言：灾荒哪有多年的？马上就又要面临 60 年的冬天，何谈丰衣足食？明明有大量战备粮，何谈城镇人口吃不上？

笔者并怀疑：是否邓小平把各省反映饿死人的情况向刘少奇汇报后，刘少奇主张开仓赈灾，而邓小平反对，就这样才静悄悄？

正因为毛泽东受了邓小平的蒙蔽，所以刘少奇被定为内奸、工贼、叛徒永远开除党籍；而邓小平只是撤消职务，还保留了党籍。

第六节：镇压"六四"学生运动

关于邓小平镇压"六四"学生运动这是邓小平欠下中国人民的四大命债中：最为明目张胆的一次。自有人类社会以来，查一下古今中外的历史记载，作为学生运动，按照参与人数之多，持续时间之长，声势之大，影响之广，中国 1989 年的那次学生运动称世界之最。

笔者只想仅借此书谈几个问题：

一、邓小平镇压"六四"学生运动的心态死结。

可以说"打倒邓小平"是"六四"学生运动的中心内容，因为邓小平是官腐和垂帘听政的罪魁祸首。从"六四"运动的"六大口号"不难看出：①惩治官腐；②垂帘听政何时休？

③我们不要老人党！④结束老人政治！⑤打倒邓小平！⑥打倒傀儡。

最令邓小平恼羞成怒的是参加运动的学生娃在举国上下开了一个政治大玩笑，或者叫"大玩行"：千千万万的青年学生一个个身上带着一个"小瓶"，然后游行时把"小瓶"砸碎在天安门广场上，砸碎在中国各大城市的大街上，砸碎在长江大桥上……以表对邓小平垂帘听政之恨。学生娃的这种作法虽然不可取，但邓小平怎么不想一下：人民为何而恨？可以说1979—1989年邓小平垂帘听政十年既是中国政治最动荡的十年（先后赶华国锋，胡耀邦下台，赵紫阳正面临危险）；又是中国经济大倒退，集体经济大毁灭的十年；更是官腐猖獗的十年。

真没想到，仅凭"打倒邓小平"的口号和"砸碎小瓶子"的玩行，居然构成邓小平调动几十万野战部队镇压学生的心态死结。邓太师为何不跟学生对话？自古"大人不见小孩过"，难道学生娃喊了几句口号：开了一个玩笑就够枪毙吗？难道"人民的子弟兵是用来枪杀中国人民的儿子"的吗？

如果邓小平是个明白的人，则会召集学生领袖对话：首先指出他们："砸碎小瓶"既侮辱人格，又污染环境；其次命令他们限期撤离天安门广场；另外自己已85岁高龄，应宣布立即辞去军委主席，不再垂帘听政。

二、邓小平镇压"六四"学生运动的恶毒手段

身任军委主席的邓小平在共产党最高领袖赵紫阳的极力反对下，公然下令调动共涉及四个大军区、十三个集团军、二十三个师、五十余万野战部队进京执行镇压任务。这比历史上的统治者调动警察镇压学生运动的性质还要恶毒得多！

不妨在此公布一下，邓小平调动执行首都戒严部队的师旅：

1.驻扎在武汉空降十五军的43旅、44旅。

       2.驻扎在河南开封二十军的58师、60师。

       3.驻扎在河北承德二十四军的70师、坦克一师。

4.驻扎在山东莱阳二十六军的 137 师。

5.驻扎在河北石家庄二十七军的 79 师、80 师、81 师。

6.驻扎在山西临汾二十八军的 82 师、85 师。

7.驻扎在河北保安三十八军的 112 师、113 师、坦克六师炮兵旅。

8.驻扎在辽宁营口三十九军的 115 师、116 师。

9.驻扎在辽宁锦州四十军的 118 师、119 师。

10.驻扎在河南新乡五十四军的 127 师。

11.驻扎在山西太原六十三军的 188 师。

12.驻扎在河北张家口六十五军的 193 师。

13.驻扎在淄博六十七军的 199 师。

也许在邓小平所欠中国人民的四大命债中，镇压"六四"还算死人最少的一次，这只是一种侥幸。或者说这是解放军官兵觉悟高所至。例如，38 军军长徐勤先抗命出兵，而遭到邓小平撤职开除党籍，并判刑入狱。若按照邓小平的心态死结，至少杀五十万学生也难解他的心头之恨。否则他为何调动五十万大军？

三、"六四"运动失败的原因

"六四"的悲剧主要是学生领袖背叛了广大学生和广大人民意愿，受金钱和出国的诱惑脱变成他人的代言人而造成的。笔者当年在一所高中任书记兼校长，因笔者的大女儿 89 年正好在清华大学读大三，所以笔者对天安门广场的学生运动特别关注，除每天从电视看新闻外，还从各方打听消息。当看到学生运动所提出的六大口号，有五条都是针对邓小平的，唯一的一条"惩治官腐"，邓小平也是"官腐"的祸根。又看到学生们闹起"砸碎小瓶"运动时，心想这下邓小平可完蛋了。因为我知道老百姓已经早就对邓小平垂帘听政产生反感。可几个月下来情况完全变了，那些学生领袖接受了他人的大量捐款，真正天安门广场静坐绝食的学生们每人1元钱也从没发过，钱到哪里去了？原来那些学生领袖叫别人静坐绝食，自己却住进宾馆花天酒地。"打倒邓小平"也不提了，反而把自由女神高树天安门广场，笔者从未听说中国民众拥护什么"自由女神"。……那些学生领袖连支持学生运动的中共中央总书记赵紫阳的话也一点听不进了，真不知他们到底想干什么？这使我改变了认识，意识到广大学生要成牺牲品了。

如果学生领袖能不背叛广大学生和广大人民的意愿，能牢牢坚持运动开始时的大方向，明确表白："我们不是要打倒共产党，我们只是要打倒垂帘听政的邓小平"。"六四"学生运动本身就是源于邓小平赶胡耀邦下台并迫害致死而人民反感所引起的。讲明："邓小平既不是国家主席，又不是党的总书记，他任军委主席是非法的。"这样以来，邓小平还有权调得动兵吗？说不定早被党内正统派把他轰下台了。

可那些学生领袖拿了他人的钱，又向往出国，于是便脱化变质成他人的代言人。这里的"他人"既有国内的反动势力，例如：香港司徒华领导的支联会，台湾的国民党、民进党等；也有国际的反动势力，例如以美国和东欧一些国家为首的一股反华势力，而且以国际的反华势力为主要成分。西方的反华势力当然反对中国的学生运动打倒邓小平，因为他们一贯把中国复辟资本主义的希望都寄托在邓小平的身上。西方的反华势力当然要向中国推崇自由女神，因为他们就是想把中国由一个完全的共产党掌权的党权社会倒退成神权与党权混杂的社会。一句话，西方的反华势力当然希望把中国"打倒邓小平"的学生运动变成"打倒共产党"的学生运动。结果他们利用金援和出国正好找到了那些学生领袖为他们代言。

这样一来，一方面就封住了党内正统派的口，正统派一看就发现原来这学生运动是要推翻共产党。同时也引起广大人民的怀疑：原来这学生运动不是真的反对垂帘听政。另一方面也给邓小平找到了镇压的借口，本来是"打倒邓小平"的学生运动，结果不但没使邓小平受到任何一点损失，反而更抬高了邓小平。邓小平关于"六四"调动军队有个讲话，其中讲道："完全是国际大气候要推翻中国共产党从而兴风作浪的一场动乱。"所以，他调动几十万野战部队就成了"顺理成章"。当然，这只是邓小平转移视线的借口，邓小平心中的死结非常清楚，他知道运动开始就是要打倒邓小平。即使演变成国外反动势力干涉，那么，你邓小平也应该调动野战军队去跟国外的反动势力干一仗呀！其实邓小平本身就是一个崇洋媚外的货，无论是他开始相信马列主义，到后来复辟资本主义，直至把子孙变成美国人，都能说明这个问题。邓小平的不少卖国行为更能说明这个问题。

如果那些学生运动的领袖在"金钱"和"出国"面前能表态："我们不是为了金钱，我们绝食不是没有饭吃；我们不是为了出国，我们是要打倒"垂帘听政"的腐朽制度，我们是要革命。"这样人民就会响应，人民的子弟兵也会响应，就能避免"六四"悲剧。从后来被通缉的十大学生领袖全部逃到国外，则足以证明。

后来笔者退休随子女定居来到了美国，就更进一步证明了笔者的一些认识是对的。至今中国的"六四"连那些学生领袖自己也说不清"六四"到底是干什么？美国"六四"后弄来一百多个民运领袖，他们分裂成几十个小山头，个个都是"山大王"，各吹各的号，各唱各的调。曾有两位学生领袖被请到美国国会去演讲，结果他俩在美国的国会大礼堂吵得差点打架。这样的人领导革命运动能成功吗？想当年的毛泽东、周恩来、朱德如果面对蒋介石的剿共，不是去二万五千里长征，而是跑到国外苏联去，能有中国革命的成功吗？

当今笔者主张平反"六四"，主要是为了清算邓小平欠下的中国人民的命债。因为不管怎样讲，当年那些被打死的学生是为了拯救中国而革命的，是没有罪的。即使他们被那些学生领袖出卖，也不该死于人民子弟兵的枪下。因为不批臭邓小平，就改变不了中国"邓式王朝"的钦定制和变相的垂帘听政，也改变不了中国的官腐问题。

当今笔者主张平反"六四"，并非希望那些海外的民运领袖回国上台执政。特别是六四的学运领袖，他们是值得的，当年的一个大学生最大的梦想不就是出国吗？他们那么容易的就出国了，而且在国外又有名又有利，简直成了外国政府的宠儿。当然，"六四"平反后能让那些当年的学生领袖回国与家人团聚这当然是应该的。

四、邓小平镇压"六四"对中国造成的危害

1、邓小平镇压"六四"至少使中国的民主倒退一百年。因为中国要彻底改革邓小平式的"垂帘听政"，"钦定制"和"隔代钦定制"比当年改变慈喜太后的垂帘听政和钦定制还要难得多。当今世界上绝大多数国家都能实行人民直选总统，可中国仅邓小平一个人就钦定了一连串四个国家元首——李先念、杨尚昆、江泽民、胡锦涛。这在人类历史上是史无前例的。这使中国人民在全世界有失尊颜：首先让全世界耻笑中国人怕死而放弃公民之选举权；其次也让中国的国家元首显得不光彩，因为他们无论怎么风光打扮，世人都知道此人不是经人民选举产生的，而是邓小平钦定的。中国人"六四"前常以有旧民主主义革命、新民主主义革命、文化大革命为民主而自豪；"六四"后变为自悲。可以说文化大革命使中国的民主成为世界第一，标志是公然能把"四大"写入宪法。所谓"四大"即大鸣、大放、大字报、大辩论。游行包括在大放中，呼口号属于大鸣。邓小平镇压"六四"，并从宪法中取消"四大"后，使中国的民主降为世界末位。

2、邓小平镇压"六四"至少使中国经济损失超过万亿。朝鲜战争中国出兵还不到五十万，出兵就得花费；镇压"六四"无论打死的是学生还是军人，安葬费和抚恤金还算小事，最大的经济损失是邓小平镇压"六四"引起世界上大多数国家

对中国实行经济封锁和制裁，二十多年后的今天，欧盟仍然没有解除因镇压"六四"而对中国的武器禁运。

3、邓小平镇压"六四"使中国长期承受不稳定压力。仅一年一度的"六四"纪念活动，就让共产党如临大故。如果"六四"不平反这种不稳定因素至少还要发酵一百年。因为自有人类社会以来，就统治者镇压学生运动而言，必然邓小平镇压"六四"属世界之最。可以说"平反六四"问题是当今的假共产党所面临的最大压力。为什么这样讲？

台湾总统马英九反复讲过："六四不平反，中国统一不能谈。"笔者要讲一句："六四一天不平反，中国一天不稳定。"中国当今的稳定是假相，是用军队和警察压制的稳定，不是真正的和谐。当今的中国不可能和谐，为什么？因为从政治上讲，构成了中国历史上最大的冤案：毛泽东是中国人民几十年以来一直公认的"他为人民谋幸福的大救星，"现在成了"杀人狂？"可真正欠下中国人民四大命债的杀人狂邓小平，现在成了"中国人民的儿子""改革开放的总设计师。"毛泽东一生无私无畏，为了"为中国人民谋幸福"全家共死十多人（包括丢弃的子女及毛远新等）；当了三十多年的党主席死后没有巨额财产，唯一留存的稿费，可女儿李纳想申请一部分买套住房，当局却讲"不行，那是党产。"可邓小平呢？邓小平的子女哪一个如今不是千万富翁亿万富翁？这难道不是最大的冤案？从中国总体的经济讲，毛泽东时代的国有资产大流失，集体资产大毁灭，哪里去了？有的人发了大财，而广大的人民仍然是温饱型甚至温饱难解。在如此政治经济情况下，又怎么能和谐？这就是最大压力。

五、平反"六四"要注意黑白分明和方向正确

为什么历经几十年，那么多人努力，而"六四"一直不得平反呢？除了邓小平隔代钦定的徒子徒孙，尚仍然在位之外，也有人民内部存在黑白不分和方向错误的问题。

关于"黑白不分"问题。明明邓小平是镇压"六四"的罪魁祸首，可有的人既高喊"平反六四，"又高歌邓小平是总设计师。这怎么能平得了反呢？岂不是胡闹吗？

例如："六四"当年在天安门广场上静坐绝食的学生，曾把投鸡蛋毛泽东塑像的不法分子揪送公安机关，当今有人指责这是错误的，并称不法分子为英雄。又如当今有人造谣六四的口号有"打倒邓小平，打倒共产党！"这都是把个人的观点强加于当年静坐绝食的学生身上，也是典型的黑白不分。如果按这些人对"六四"的歪曲，"六四"岂不真成"动乱"了吗？

上个世纪，中国出了两个老头：一个"六六"老头，；一个"六四"老头。六六老头是个学生王，公然教学生如何串联，如何"四大"，如何造反，如何夺权？人民造反还调军队支左。而"六四"老头是个杀人狂，至今查不出"六四"老头与学生有半句对话，就公然下令调动几十万野战部队进京镇压。

可以说当今社会的"黑白不分"主要表现在对真共产党与假共产党的真假不分上。有的对共产党是一概反对；有的甚至专反真共产党，拥护假共产党；有的千方百计歪曲过去的人民拥护真共产党的历史。这样黑白不分当然没有出路，也不会有成功。可以说中国的未来也许"主要靠"或至少"少不了"共产党内部的进步力量。试问：辛亥革命若缺少了清朝内部诸如袁世凯之类的人相助能成功吗？毛泽东领导的共产党如果连孙中山也反，而不是只反蒋家王朝；如果要打倒整个国民党，而不是只打倒国民党中的反动派，革命能成功吗？台湾的民进党，原来所有的天王除苏贞昌一人之外，其他都是原国民党员；共产党的毛泽东、周恩来都曾是国民党党员，这些又说明了什么。

关于"方向错误"问题。"六四"之所以失败，与在天安门广场树立"自由女神像"不无关系。它显然使广大人民看出原来这场运动的方向是要使中国步资本主义的后尘搞多党轮政。当今更有人在天安门广场树立孔丘铜像，这不是显然主张中国复辟至春秋战国时代封建社会的初级阶段吗？还有人主张中国复辟到宗教至上的神权社会……这都属于方向错误。正因为方向错误，所以对广大人民没有吸引力，与其复辟倒退，不如维持当今之腐败。中国只有消灭所有政党实现民权社会才是正确的方向。

中国的未来既不是什么"政治改革"，也不是什么"茉莉花革命""公民革命""民主革命"等，而是《民权革命》。

第七节：反遍中共最高领袖

效仿中共八届十二中全会定刘少奇为："叛徒、内奸、工贼"；就应该定邓小平为：反党、反人民、反社会主义的"三反魔王"。

"反人民"：邓小平一生欠下中国人民四大命债。

"反社会主义"：邓小平把革命先辈建立的社会主义制度基本上全部反光了。这两反就不用说了。

下面谈一谈邓小平"反遍中共最高领袖"——反党。

所谓"反遍"就是一个不漏。序文中笔者已列表为证，这里只想简单展开讲一讲：

邓小平虽然是一个中国共产党党员，但自遵义会议起至邓小平死任过中国共产党最高领袖的共五人：毛泽东、华国锋、胡耀邦、赵紫阳、江泽民，邓小平对这五大领袖是一人不漏的反遍。

一、反毛泽东

邓小平反毛泽乐主要是三个阶段：一是 1959-1966 年间任书记处总书记兼中央一线领导负责人时，对退居二线的党主席毛泽东阳奉阴为，分庭抗理。二是毛死后，尸骨未寒，邓小平策划逮捕毛的夫人、侄子，进而全盘否定文化大革命。三是邓小平垂帘听政时，推出自己的邓理论全盘否定毛泽东思想。

邓小平本来是毛泽东一手提拔起来的，由遵义会议时中央委员就不是，毛一直把他提拔到政治局常委，虽然文革时被打倒，但毛泽东启用邓小平还给了更高的职务，可邓小平只记仇不认恩，反毛泽东可谓心狠手辣。

毛泽东讲过他一生做了两件事，一是领导人民推翻了蒋家王朝，二是领导了文化大革命，邓小平将文化大革命定为"十年浩劫""半点也不能肯定。"

其实，中国的文化大革命，既使没有毛泽东的发动和领导，也还是要搞的，只不过是另外一种搞法。要么会按邓小平任"反右斗争前线总指挥"时的反右斗争方法搞；要么会按邓小平镇压文革之后严打"三种人"的方法搞。

为什么这样说？请看铁的事实：

因为文化大革命初期，刘邓还是中央一线领导负责人。当时毛泽人发动人民造反，同时刘邓也发动了保皇。最突出的是轰动全国的《联动》组织。《联动》的骨干全是走资派的子弟，其中包括刘少奇、邓小平的子女在内。他们提出的口号是："老子英雄儿好汉，老子反动儿混蛋。"他们借以批斗"地、富、反、坏、右"为名，在全国大 行暴力、残酷批斗各行各业的大批量的专家、学者、学术权威等知识分子。刘邓并向各大中院校派出大量的工作组支持《联动》。

1966年5月16日文革的钢领性文件《十六条》出台了。刘少奇意识到这是一场生死大搏斗。

1966年6月13日刘少奇在《批转中南局》"关于文化大革命的情况和意见的报告"和《批转西北局"关于无产阶段文化大革命的意见和布署"》中同时写到："对于大学生中的反党反社会主义分子，一定要把他们揪出来。高中应届毕业生反党的，经过省市委批准，可以批判和斗争，也可以戴帽。"

1966年6月20日北京各大中院校出现了反对工作组的学生和大字报，刘少奇对师大附中的工作组发出指示："反对工作组的学生是一批打着红旗反红旗的左派，对他们不能心慈手软。你们要采取引蛇出洞的策略，把他们的后台挖出来。"

——由此可见，刘邓的文革对象不是按《十六条》所指的党内的走资派，而是针对革命的群众，特别是大学生和应届高中毕业生。

1966年7月18日毛泽东视察南方回到北京，当天听取了中央文革小组的汇报。7月19日毛泽东指示："这完全是违背《十六条》的。派工作组是错误的，整个运动犯了方向和路线的错误。工作组一不斗黑帮，二不批走资派，而是专整学生和左派，这还不是搞鬼吗？"

要不是毛泽东的阻止，让刘邓派工作组镇压文化大革命得逞，可想而知，全国会有多少大学生和应届高中毕业生被打成"反党分子"？

二、反华国锋

邓小平反华国锋的由来，主要由于华国锋阻止了邓小平的及时复出。请看历史真相：

1976年10月6日中国发生了大政变，毛泽东遗愿的中央领导集团八大成员逮捕了五人。三天后于10月10日邓小平给华国锋致信，其中写到："我衷心的拥护党中央关于由华国锋同志担任党中央主席和军委主席的决定。我欢呼这个极其重要的决定对于党和社会主义事业的伟大意义。不仅在政治上思想上，国锋同志是最合适的毛主席的接班人。就年龄来说，是何等重要啊！怎不令人欢欣鼓舞呢！"（时年华国锋年过五十，邓小平年过七十，叶剑英年过八十。）

然后，由于在谋划逮捕"四人帮"时，叶剑英没有向华国锋说明这是邓小平的主谋，主要怕讲明后，华国锋一时接受不了，难得入伙。所以华国锋当时对邓小平这封热情奔放的信，反应冷漠，只作过简短冷漠的批复："你犯有错误，所以还应继续受到批判。"

可怜的华国锋哪里知道逮捕"四人帮"并非叶剑英的点子，而是邓小平的点子。华不仅没热情洋溢的欢迎邓小平复出垂帘听政，还要继续批判。这便注定了邓小平复出后必然赶华国锋下台。

三年后邓小平赶华国锋下台的理由是："华国锋没有什么独立的东西，就是两个凡是。"

三、反胡耀邦

1986 年 5 月，邓小平以太上皇的身份约胡耀邦到家中商谈中共十三大人事安排，胡耀邦说："我已年过七十了，十三大一定要下来。"邓小平说："我、陈云、先念都全下，你要下就半下，不要当总书记，而再当一届军委主席或国家主席，到时候再说。"

1986 年 8 月 22 日，邓小平过 82 岁生日，在北戴河摆了几桌酒席，邓仍表示在两年后的中共十三大上全退。胡耀邦比邓小平小 11 岁，1986 年 71 岁。于是胡耀邦信以为真。

1986 年 10 月，胡耀邦在政治局会议上发表讲话，他说："党中央领导班子要不要年轻化，已不是在口头上讨论的问题，而是必须马上着手实行。如果说过去我在这个问题上表现含糊，不太明确，容易使人产生误会的话，那么，今天我就十分具体的坦白的讲，我赞成小平同志带头退下来，这是一个很好的带头。只要小平同志退，别的老同志的工作就好做。我的总书记任期满了，也下来，充分给年轻的同志让路。"胡耀邦讲话后，邓小平当场神情严峻，未作任何表示。胡耀邦之所以讲"带头"就是指"是邓小平主动提出 全退"，谁知邓小平心胸狭窄，完全想一边了，八十老几的人仍想垂帘听政。胡耀邦的讲话得到了人大委员长万里、人大副委员长聂荣臻、倪志福，国家副主席乌兰夫，中央书记处书记杨得志、习仲勋等同志的一致支持。

但中共元老王震却被激怒，说："你们实际上提出了一个问题，就是要不要权威，承不承认小平是我们党的最高权威。"万里委员长这时候插话说："王老啊，你不要激动。要小平同志掌舵，我没有意见。我只是想纠正一下，我们要树立权威，不是个人，而是集体。民主才是我们的最高权威。"

会后邓军委主席便问万里委员长："胡耀邦为何偏要我下？"万里也不知道是邓小平主动讲的要全退，只得说："可能是失言。"邓小平说："是要树自己。"万里说："耀邦不是那种人。"原来82岁的邓小平主动表示全退是试探胡耀邦的奸计。如果胡耀邦说："你不能全退，你要继续掌舵。"胡耀邦的总书记就绝不会出问题。

从此以后，胡耀邦失去了中共十三大的人事主导权。在中共总书记毫不知情的情况下，邓小平已经安排中顾委副主任薄一波等七人组成小组，分别找有关人员征求十三大 的人事安排意见，重点征求对总书记胡耀邦的意见。
下手的机会终于来了。86 年 11 月由中科大开始的学潮蔓延至北京。86 年 12 月 23 日，清华、北大等一千多名学生找校长和党委书记辩论民主问题，并且上街游行。这场学潮为邓小平"倒胡耀邦"找到借口。

胡耀邦虽说一贯主张经济改革要与政治改革同步进行，但学潮决
不是胡耀邦策划的.86 年 12 月 30 日，胡耀邦打算召开政治局常委会，讨论书记处拿出的关于处理学潮的意见。这离学生辩论只隔一周的时间。但邓小平不同意开会，并要胡耀邦到他指定的地点谈话。邓小平认为这是"几年来反对资产阶级自由化思潮旗帜不鲜明，态度不坚决的结果。"并责问胡耀邦："你难道没有责任？"胡耀邦回答说："我保留我的意见。"邓小平说："不是保留，而是要你马上站出来，坚持四项基本原则，否则就放任了资产阶级自由化。"邓还说："没有专政手段是不行的。对专政手段不仅要讲，而且必要时要使用。"

　　87 年元旦，邓小平在家中与薄一波等人密谋倒胡的安排，离与胡训话只隔一天。听到风声后，习仲勋对胡耀邦说："耀邦，我为你担心啊。"时任总理的赵紫阳也提醒胡耀邦："还是马上找小平同志谈一谈，向他承认错误。检讨一下自己工作中的失误，争取主动为好。"胡耀邦说："我并没有犯什么错误，我检讨什么？"赵紫阳急了："你还是尽快向小平同志认个错，越快越好，过几天就晚了。"

　　胡耀邦终于听了赵紫阳的劝说，于是第二天找上邓小平的家去。邓先是为耀邦评功摆好，大讲成绩。谈到思想分歧，邓摆摆手说："那是工作的正常范围，我们没有必要再纠缠了。"邓小平继续说："我打算召开一次民主生活会，有什么问题，大家摆在桌面上谈一谈，好好沟通一下思想嘛。"临走时邓小平还和胡耀邦紧紧握手。

　　胡耀邦还以为真与邓小平沟通思想了，谁知邓小平是个笑面虎。不料于 1987 年元月十日，由薄一波副主任主持的特别"民主生活会"在中南海召开了。生活会一开始薄就要总书记作检讨。薄副主任说："胡耀邦整天到处乱跑，全国两千多个县，你都快跑遍了。这不叫指导工作，而是游山玩水，哗众取宠。"杨尚昆时任军委副主席接着说："胡耀邦，你如果想要亡党亡国的话，你就和资产阶级自由化分子结成联盟吧。"在"民主生活会"上王震说的更刻薄："你胡耀邦要是不愿意跟我们走的话，你就不必呆在这里了。"宋任穷发言露了底牌："我们最不能够容忍的，就是胡耀邦对待邓小平的态度。"

　　在连续多天的"民主生活会"上，这群平均 80 有余的老者哪有精力做长篇讲话，会议安排邓力群对中共总书记胡耀邦做了长达五个半小时的批判发言。然后由薄一波、彭真二位中顾委副主任（主任是邓小平）提出"要胡耀邦辞职"。王震接着声明："薄一波、彭真代表了我们大多数的意见。"

　　当然主持正义的也大有人在，例如，在"民主生活会"上，习仲勋忍无可忍，指着会议主持人薄副主任说："你们这是干什么？这不是重演"逼宫"吗？这不正常！生活会上怎么能够讨论总书记的去留问题呢？这是违反党的原则，是践踏党章的行为。党的总书记是党的全国代表大会选举产生的。我坚决反对你们这种做法！"

胡耀邦没有毛泽东那种"重上井冈山打游击"的胆量，只得在会上表态："我已考虑好了，不让我干，我就辞职。"87年元月 15 日最后一次生活会散后，胡耀邦一出门就坐在台阶上大哭。田纪云默默站在旁边，久久不离以表安慰。万里委员长回到家中仍愤愤不平的说："耀邦没有错！"为了安慰耀邦，万里特意叫厨师炖了一锅耀邦最喜欢吃的狗肉送到胡家。"生活会"开过不几天，胡耀邦被迫辞去总书记职务。他回家对夫人李昭说："我知道自己是个过度性人物，我没有错，顾全大局，我只能辞职。"

四、反赵紫阳

赵紫阳和胡耀邦两人本来是邓小平一手钦定的中共党的总书记，也是为邓小平复出立过大功的人，更是贯彻执行邓小平理论最忠实的傀儡。可是邓小平为了维护自己在党内垂帘听政的统治地位，不惜伤害忠实的同伴。可以说在邓小平所反对的中共五位最高领袖中， 赵紫阳是受邓小平伤害最重的人，下场最惨痛的人，居然软禁长达十多年。

其主要分歧是两个问题：一是邓小平认为是赵紫阳暴露了他的垂帘听政，而八九年的学生运动，中心内容正是反对垂帘听政。

1989 年 5 月 1 日赵紫阳在接见苏共中央总书记戈尔巴乔夫时讲："我党的重大问题，还得请示邓小平同志。"

二是在调动野战部队镇压"六四"学生运动这个问题上，赵紫阳公开反对。按理讲赵紫阳反对是对的，赵紫阳是经过党的代表大会"选举"确认的最高领袖，按照党的组织原则应该是邓小平服从赵紫阳，如果"六四"运动交由赵紫阳处理，对国家绝对不会造成那么大的损失，结果反而赵紫阳成了"支持动乱分裂党"，岂有此理！

五、反江泽民

邓小平的 92 南巡讲话，就是针对江泽民的。因为江泽民在复辟资本主义问题上，必然有个过程，开始一度跟不上邓小平的步伐提到："姓资还是姓社的问题？"这一下可惹怒了邓小平，88 岁的邓小平南巡讲道："不愿改革就下台！"后来一是因为邓小平太老了，换了几个傀儡，若再赶江泽民下台也有些不好意思；二也因为江泽民转的快，紧跟上。江泽民后来也想开了，在他任上海市委书记的时候，还相当清贫，老家来了客，夫人还去招待所借被子。后来当了十三年总书记下来，不只是鸟枪换炮，而是换原子弹了。谁不知江泽民的儿子是电讯大王，亿万富翁？

总之，我们认识邓小平反遍中共最高领袖，重点不是追究该反不该反的问题，而是为了研究邓小平欠下中国人民四大命债的动机。研究结果发现，动机就是为了一个字"权"。

第八节：邓小平的魔法、魔术和魔力

邓小平是凭着什么魔法、魔术、魔力成为"三反魔王"的？特别是既能反遍中共最高领袖且身负四大命债，又能至今不被人识破？

一、邓小平的三大魔法：

1.麻醉法：正如陈永贵所言，邓小平利用奇谈怪论——"时间是检验真理的唯一标准"，先把全国人民的思想搞糊涂。

2.蛮干法：即遇到大事"不准争辩"而是"蛮干"。例如：逮捕"四人帮"和镇压"六四"就是最典型的蛮干。又如：毁灭全国所有的人民公社。邓既不开会讨论，也不搞试点，而是不论具体情况搞"全国一刀切"。邓小平对蛮干的急先锋就提拔，对反对蛮干的人就赶下台。

3.施舍法：邓抓住人想钱和想权的心理，要钱给钱，要权给权。例如：邓大开方便之门允许干部及其家属经商，当他们利用"双轨制""钱权交易"钱赚足了，邓才说不。再例如：对"国家主席职位"，八十多岁的杨尚昆、李先念因为蛮干有功，邓指名任国家元首。……本代位满，邓隔代钦定胡锦涛。这些得了邓小平钱和权的人怎能不拥护邓？

二、邓小平的三大魔术：

1.嫁罪术：既把自己的罪责转嫁他人。例如：邓本来任"反右斗争前线总指挥"，反右斗争扩大化就是他搞的；但邓却利用给所有右派分子平反，把反右的罪过转嫁毛泽东。又例如：中国饿死人本来是邓小平有意存粮不开仓而造成，且邓任"大跃进前线总指挥"；但邓却利用"认定饿死人是大跃进造成"，把饿死人的罪责转嫁毛泽东。

2.借光术：即邓借用毛泽东、周恩来在人民群众心目中的崇高威信，先来抬高自己，然后再把毛周打压下去。

毛泽东临死前一年已把邓小平再次打倒，并说："我同邓小平现在的斗争是原则问题。""批邓则必须要抓紧。这是国内最主要的任务，关系到将来。"但邓小平只借用宣传毛泽东以前说过的话："邓小平人才难得。"

周恩来临死前两年，本想安排副总理张春桥退代总理主持国务院的工作；是听了毛泽东的执意，才让邓小平复出任第一副总理并主持国务院工作。但邓小平一直借用"与周一起旅欧亲密无间"来抬高自己；后来又说："如果没有周恩来，十年浩劫至少会提前几年结束。"

那么，毛泽东又为什么执意要让邓小平复出呢？

让我们细心听听毛泽东的解释吧："……让犯了走资派错误的人来主持这样的会，对文化大革命作一个总结和评价，利用他们现身说法会更有说服力。"毛泽东满怀希望的对邓小平说：“主持一个会议，对文化大革命作一个总结和评价吧！”邓小平婉言拒绝道：“我是桃园里人，不了解情况，很难有发言权啊！”——于是邓再次被毛打倒。

3.攻心术：邓的攻心术既对上又对下。例如，邓搞垮高岗，就是对上在毛泽东、刘少奇、周恩来面前用的攻心术。邓小平复出后，平反了全部的地、富、反、坏、右；让所有上山下乡的知青全部返城；让所有过去下乡的城镇人口全部返城；让所有建在大山里的三线工厂全部搬迁城市；让所有的农民分田到户……这些都是邓对下用的攻心术。其实，凡历史上与邓小平有过节的人，一个也没有平反。

三 、邓小平的魔力：可概括一个字“权”，即政权和军权

特别是军权，邓小平老糊涂的时候也不放手军委主席之职。邓小平紧紧抓住枪杆子，以枪指挥党，以枪指挥政府，以枪搞“稳定压倒一切”。为什么说邓小平是以枪指挥党和政府？因为宪法规定国家主席就是国家军委主席；党章规定党主席就是党的军委主席，可邓小平一生从来没担任国家主席和党主席。可见邓小平任军委主席之职纯属篡夺性质。邓小平是一个名不正，言不顺之人。

为什么说“权”是邓小平的魔力？因为邓小平一旦丧权，就既无能又无力。中国人民永远也不会忘记“邓小平的三次检讨”。那是邓丧权时写的，每次都是“带着泪水检讨”，每次检讨最后都有保证“永不翻案”。

邓的最大魔力就是利用钦定制甚至隔代钦定制共指定四个“国家元首”（李先念、杨尚昆、江泽民、胡锦涛）和四个“中共总书记”（胡耀邦、赵紫阳、江泽民、胡锦涛），这比钦定自己的子孙还可靠还关明。因为定子孙太露骨，定亲信既能终生报恩，又能掩众人之目。自古真理告诉我们：权为谁所赋，则为谁所用。

例如，直到2011年元月胡锦涛做了两件事：一是在天安门树起了一个高9.5米的孔丘铜像；二是1月11日出版了第二卷

《党史》。毛泽东早说过："如果共产党也要把孔子请出来，说明共产党也快完了。"

《党史》以十一届三中全会划时代。既然这样划时代，试问：到底是那个时代的人民拥护那个时代的真共产党，还是当今时代的人民拥护当今的假共产党？

《党史》把 1958 年毛泽东主政时的"大跃进"，与 1959—1961 三年刘少奇、邓小平主政时的"饿死人"混为一团。把饿死人的数量缩成 1000 万，把饿死人的原因归结为毛搞大跃进和"地方领导虚报产量"。试问：国家元首刘少奇和坐镇北京中央的总书记邓小平"封锁消息，存粮不开仓，见死不救"该当何罪？

《党史》把"文化大革命"定为"严重内乱"，结论是"彻底否定"。试问：邓小平定"文革半点也不能肯定"，为何邓的三次检讨要写"坚决拥护文化大革命，永不翻案"？胡锦涛定文革为"严重内乱"，"不属具任何意义的革命"未知胡锦涛参与 "严重内乱"否？

——难怪有的老党员说该产物不是《党史》，而是《党屎》，即是假共产党给真共产党身上泥的屎。确切的讲，是把共产党的斜统派刘邓陈拉的屎，泥在正统派毛周朱的身上了。因为中国共产党无论是执政还是垮台，最难以向历史和人民交待的，并非"文革"而是"饿死人"。饿死千万人才是最臭的一堆屎。要还原党史之真相，必须为毛泽东洗屎；同时撕开包装邓小平的金皮纸。

第六章：邓小平其论

第一节：用《基因哲学》认识邓小平理论

　　什么叫"邓小平理论"？邓小平理论是邓小平 74 岁复出后，"摸着石头过河"搞出来的一系列"改革开放"的盲目论。"摸着石头过河"就是盲目。
什么叫"改革"？改革在通常的人类社会里，是指统治者在原有的社会形态基础之上所作的变革。而中国的近代改革，是指在人民革命的基础之上，仍然是统治者所作的变革。

　　"革命"是人民群众变革社会的手段；"改革"是统治者变革社会的手段。这是"革命"与"改革"的根本区别。没有"统治者搞革命"之说，也没有"人民搞改革"之说。
中国共产党在改革前后有本质的改变：改革前的中国共产党是"人民的领导"，人民的领导仍然是属于人民，是走在人民队伍前面的领路人和导航人。改革后的中国共产党变成"国家的执政党"，所谓"执政"就是"执掌国家政权"，这正好是"统治者"的定义。可以说领导人民革命的共产党已经被邓小平毁灭了。
那么，在革命的基础之上的"改革"意味着什么？当然有两种情况：一种是指改正革命过程中的错误，这种改革其特点具局部性、暂时性。另一种是指彻底毁改革命的成果，这种改革其特点具整体性和长久性。中国的改革显然属于后一种。这样的"改革命"比"反革命"更糟。因为改革命能达到反革命想达到而达不到的目的。
邓小平的"改革论"是全盘否定中国革命的反革命教唆论。它以十一届三中全会为划时代，它把此前说成是："死路一条"，"半点也不能肯定"。当今共产党的所有会议早已抛弃了毛泽东思想，只提邓小平理论和江三代表重要思想。为什么当今有不少中国人能提出"天灭中共"，甚至还提出"中共执政是非法的"。追根求源，这些论点都是源于邓小平"改革论"教唆的结果。黄火青曾警告邓小平讲："老邓，你全盘否定毛泽东，就等于是全盘否定共产党"，是呀，既然邓小平把十一届 三中全会以前全盘否定，那么"天灭中共"岂不是顺理成章吗？

笔者曾提到"没有完全消灭旧国家政权的新国家政权不完全合法"。这与"中共执政非法性"是有本质区别的。联合国的 2758 号决议案早已肯定了中共执政的合法性。腐败则是另一回事。任何人都无法否认共产党在历史的过去确实受过人民的拥护。

毛泽东思想是指导人民搞革命和继续革命的理论，邓小平理论是指导统治者执政和搞改革命的理论，这是毛泽东思想与邓小平理论的根本区别。

毛泽东思想属于真理的范畴。这是毛泽东在真理的海洋里又增添了一碗水。我们绝不能因为这一碗水中渗有泥沙，而说其不是一碗水。对于毛泽东思想不需要再检验，因为已经被中国革命的实践所检验。现在不用也不可抛弃，今后人民要革命或继续革命时，还是大有用处的。

邓小平理论属于谬论的范畴。这是邓小平在"摸着石头过河"时摸得的一碗泥沙。我们绝不能因为这一碗泥沙中渗有水分，而说其不是一碗泥沙。对于邓小平理论需要检验，已经实践了一次证明是错误的，也没有必要再次实践，因为再次实践代价太大，只需要把邓理论与真理加以对照就能检验。

改革已搞三十年有余，当今老百姓已经失望和厌倦。因为凡是涉及老百姓利益的，说改就改一步到位，例如：毁人民公社、出卖工厂、住房商品化、读书交学费、取消公费医疗等；凡是涉及贵族利益和统治者利益的，就是改不了，例如：政治改革、民主选举、公车改革、财产申报等。曾担任《人民日报》社长多年的胡绩伟，2009 年说过这样一句话：

"如果说改革开放首先是由批判文革开始的话，那么，当今的中国社会则要从批判邓小平理论开始。"

第二节：对邓小平理论部分观点的认识

一、"中国特色社会主义论"。什么叫"中国特色社会主义"？简言之就是"邓式王朝"。何为"邓式王朝"就是以邓小平钦定的徒子徒孙为国家元首，以邓小平理论为指导思想的极权社会。自毛周朱死后，中国的国家主席华、李、杨、江、胡全部都是邓小平钦定的。又自胡锦涛上台后，彻底抛弃了毛泽东思想，正如他们自己宣称："不搞指导思想多元化"，即指导思想只是邓小平理论及其徒子的"三个代表"和徒孙的"科学发展观"。据以上两条完全符合"邓式王朝"的概念。简言之："邓式王朝"就是政治上的钦定制，经济上的大欠债的社会。到底中国欠债知多少？结止 2010 年底，中国累计欠债 28 兆即十三亿中国人，人平欠债 2.2 万元。这个数字是 2011 年 3 月 10 日的《世界日报》公布的，温家宝总理就订有一份《世界日报》。也就是说："中国改革开放以来经济大发展"，完全是一种假相，中国在毛泽东时代是既不欠外债，也不欠内债；如今欠债已经使中国经济面临破产的边缘。

中国的"蒋家王朝"是从 1927 年 4 月 12 日蒋介石背叛孙中山对共产党实行大屠杀开始，至 1949 年被打垮，历时 22 年，直到 1996 年台湾事实独立时彻底消灭，总历时 60 年。

中国的"邓式王朝"从 1976 年 10 月 6 日"五鬼闹叛大政变"开始，已历时 35 年。之前的 27 年则由三部分组成：毛泽东任政府首脑 49-58 十年；刘少奇任国家元首 59-66 七年；周恩来任政府首脑 66-76 十年。

为什么说"中国特色的社会主义"其实质是"邓式王朝"呢？

众所周知，文化大革命结束后，中国不再没国家主席，总理既是政府首脑也是国家元首。为什么要不设国家主席？毛泽东明确讲到："国家主席就是皇帝的尸位"。

仔细琢磨，毛泽东讲的确实有道理。中国的"国家主席"比起日本的"天皇"、"英国的女王"、美国的"总统"都不如。日本和英国的政府首脑都是直接民选，"天皇"或"女王"的批准只是象征性的走过场。美国的总统是直接民选，总统是集"国家元首"、"政府首脑"、"三军统帅"于一身。美国的国务卿只是外交部长。可中国呢？一是"国家主席"由邓小平钦定，华、李、杨、江、胡有哪一个不是邓小平钦定的？包括华国锋、毛泽东生前只是提议华为党中央副主席，是邓小平复出后重设国家主席暂定的华国锋。二是"国家主席"并不是"政府首脑"，政府首脑是国务院总理，而这个总理又是由国家主席提名。自古都是"权为谁所赋，则为谁所用。"这样就使政府首脑直接忠于的是国家主席，政府为人民服务则是间接的。中国台湾也大同小异，台湾的民选总统，也不是政府首脑，而政府首脑是行政院长，则由总统任意更换。台湾只学到美国的皮表，根本没学到美国国家体制的内函。所以这样的"国家主席"就是"皇帝的尸位"。而这些"皇尸"又都是邓小平钦定的，所以称中国社会为"邓式王朝"。

有人说：毛泽东说"国家主席就是皇帝的尸位"，那他也任过国家主席，是否"毛皇帝"？不，因为毛泽东任的是"中央人民政府主席"，这与"国家主席"是两个不同的概念，前者是政府首脑，当时的周恩来任"政务院总理兼外交部长"，"政务院总理"并非政府首脑，当时的周恩来还在"中央人民政府主席和六个副主席"之后。而"国家主席"是"国家元首"，国家副主席只是一人，最多两人，而不是多人。

有人说：如果"钦定制"是判别"邓式王朝"的标准，那么毛泽东也曾指定接班人，是否"毛氏王朝"？不。因为毛泽东所指定的"共产党的副主席"，这是一个政党党内的事，而且当时全世界的共 产党都是领袖终身制。而邓小平指定的却是"国家主席"，即是"国家元首"。包括刘少奇的国家主席也是邓小平提名的：58 年底在武昌召开的八届六中全会上，毛泽东只是提出自己不作下届国家主席的候选人，并没有提名谁作候选人，是任总书记的邓小平提名刘少奇作候选人的。所以毛泽东与邓小平在指定接班人问题上是有本质区别的，邓小平既没任过国家主席，也没任过党主席，他有什么资格指定接班人？只能用"名不正，言不顺"解释。

中国消灭了"邓式王朝"之后，应该实现民权社会。民权社会将不设"国家主席"，而直接民选"总理"。因为民权社会的高级阶段不仅要消灭"国家元首"，而且还要消灭"国家"，不消灭国家，就不能从根本上消灭战争。但各级人民政府是人类社会永远不可少的。为什么这个名称应该叫"总理"，而不叫"总统"？因为总统属于统治者的范畴"总统治"；而总理属于人民政府管理范畴"总管理"。从孙中山、周恩来到温家宝出了不少人民的好总理，好的"国家主席"却少见。

总之，虽然共产主义社会由于马克思主义理论的错误而失去可行性。但是人类社会仍然要向前发展，而绝不能倒退。"民权社会"才是人类社会发展的方向，而决不是什么"中国特色"。

　　二、"社会主义初级阶段论"。这是一种典型的社会倒退论。"社会主义社会→民权社会"是社会前进论；而"资本主义社会←社会主义初级阶段←社会主义社会"是社会倒退论。

三、"实践是检验真理的唯一标准论"。这是颠倒是非的奇谈怪论。

四、"一国两制论"。这是分裂国家论。

　　五、"邓小平的代论"。这是荒唐的篡权论。

邓小平只比周恩来小 5 岁，为什么他要把自己定义为毛周朱的下一代呢？《资治通鉴》第 69 册前言可以回答这个问题："一个老汉向年轻小伙叫"爹"，这样倒闩门的取媚手段，只官场才有。一个无赖为了夺取权力，什么不可思议和卑鄙无耻的勾当都干得出。"

邓小平的"代论"是其篡夺共和国二代人国家领导权的荒谬论。简直荒谬得大乱朝纲。例如，堂堂北京大学知名教授焦国标所著的书中就写到："胡锦涛应称毛新宇为叔叔。"又如，习近平是正宗的第二代，邓的"代论"却定为第五代。至今尚不知习近平是如何选择？是光宗耀祖还是认贼作爷？是做习仲勋之子，还是作邓小平之徒孙？尚拭目以待。

有人说：邓小平是指共产党领导人的代论，而不是指国人的代论。——领导人只能论"届"，而决不能论"代"。如果论代，陈独秀、华国锋、胡耀邦、赵紫阳都无法摆。难道共产党人不属于共和国之国人？

《基因哲学》对共和国国人的"代论"是：首先确定"以 30 年为一代"这一标准，然后依出生具体划分为——1949 年以前的成年人统称为共和国的第一代人；从中华民国过来的未成年人和 1949—1968 二十年出生的人统称为共和国的第二代人；1969—1998 三十年出生的人定义为共和国的第三代人；1999—2028 三十年出生的人定义为共和国的第四代人……以此类推。

六、"让少数人先富论"。这是造成中国社会穷富差距惊人之大的祸根，也是贪腐的祸根。主要错在一个"让"字上。穷富差距古今中外无论怎么"限制"都会存在，邓小平"让"字提的最坏。

七、"一风吹"和"搁置争议共同开发"论。这是卖国贼提出的卖国论。正确的方针是："不是我的寸土不要， 是我的寸土不让。"1989 年 5 月 16 日，邓小平会见戈尔巴乔夫时说："俄国通过不平等条约侵占的中国土地，超过 150 万平方公里。……我讲这些叫结束过关，目的是使苏联同志们理解我们是怎样认识这个过去的，脑子里装的是什么东西。历史帐讲了，这些问题就一风吹。"——十年后，江泽民遵照邓小平"一风吹"的教导，在中俄边界问题上，一下吹掉中国一百多万平方公里的国土。

邓小平 1978 年在日本访问时讲："搁置争议，共同开发。钓鱼岛问题可以留待子孙后代去解决。"——此论导致当今中国政府在钓鱼岛问题上毫无作为，导致日本得寸进尺。

八、"近海作战论"。这是邓小平的"枪口对内"论，它与蒋介石的"先安内"实质一样。

九、"小康社会论"。这是邓小平对"四个现代化"内涵歪曲论，也是对人民的诱惑和欺骗论。"小康"只是温饱略有余的代名词，早在封建时代，人们就把一些开明帝王统治下，风调雨顺，政通人和称之为"小康"。而"四个现代化"是有现时国际标准的。

十、"十年浩劫论"。这是邓小平反对毛泽东，全盘否定文化大革命，无视伟大的中国人民抛出的谬论。

十一、"六四动乱论"。这是邓小平对 1989 年"六四"学生运动的定性论。中共由"动乱"→"风波"，至今仍未承认是"学运"。原因就是不好处理：六四若平反，邓小平怎么摆？其徒子徒孙又怎么摆？

十二、"我是中国人民的儿子论"。这是邓小平为其一生欠下中国人民四大命债的开脱论。是您的儿子欠下的四大命债，您又能有什么办法呢？

十三、"知识分子是工人阶级的一部分论"。这是邓小平愚弄知识分子，混淆阶级论。"六四"镇压的大学生，难道不是知识分子？邓小平对工人阶级又是如何？

十四、"科学技术是第一生产力论"。这是邓小平的不懂科学论。表面看似乎是他重视科学技术，但也不能说成"第一生产力呀？"因为"生产力"没有第一第二之分，只有"产业"有第一、第二、第三之分。科学技术只能说是"生产力的引机"。

十五、"以市管县"论。这是邓小平消灭城乡差别的怪论。邓小平毁灭了人民公社，把"人民公社"改为"乡"，乡上面是县，县上面是市，结果使中国的"大山区"都成了市所辖。

十六、"四个坚持论"（即：坚持社会主义制度、无产阶级专政、毛泽东思想、共产党的领导）。这是邓小平的骗人论。社会主义制度、毛泽东思想早被邓小平打得粉碎，无产阶级专政是指邓小平镇压人民的工具，邓小平的权威就是党的领导。

十七、"硬道理论"。这是邓小平否定真理与回避真理论。

十八、"三个面向教育方针论"。这是邓小平否定毛泽东提出的"德、智、体全面发展教育方针"的片面论。自邓小平篡改了教育方针后，出现有人把"德智体"改为"德智体美劳"，那么加进了美术，语数外怎么办？还有人把"劳动者"改为"劳动者和接班人"，原来这种人指的"接班人"根本不属于"劳动者"！

　　……

笔者是个教师，关于教育问题不妨想多谈点认识：

当今的国人一提起"文革"只会讲"文革耽误了一代人的教育"，这是歪曲历史，这是不公平的。应该说：文革锤炼了中国有史以来最能的一代人。为了教育第三代和第四代，让笔者结合家乡的实情还原文化大革命促进教育事业大发展的历史真相。

历史真相可概括为一句话：文化大革命期间中国的教育一是学生从社会实践中学的东西多；二是普及教育率创历史最高。

为什么说学生从社会实践中，学的东西多？首先肯定文革期间曾有一年多的时间，停课闹革命，这当然是错误的。但是"闹革命"的过程，写大字报，搞大辩论，组织大造反等，也使在校的学生在社会实践中提高了写作能力、演讲 能力和社会活动的组织能力。古代读书不就是会做文章吗？

为什么说文革期间普及教育创有史以来最高？

笔者特结合故乡——湖北省随县为例，推知全国之教育。1949 年解放初期，随县近百万人口，只有县城一所中学。1953 年兴建了县二中、县三中共有三所中学。1954 年—1957 三年又兴建了四所中学，共有七所中学，1958 年大跃进一年就兴建了三十二所中学共达到三十九所中学，基本上实现了每个人民公社都有了一所中学。

到了 1961—1962 两年，刘少奇、邓小平任中央一线领导时，以"调整、巩固、充实、提高"为名，一下关闭了二十所中学，全县只剩下十九所中学。最可恶的是：61 年以"处理超龄生"为由，62 年以"全县统考成绩不合格"为由，两年共将在校的中学生一半以上辍学。这些失学的学生，有的 初中只读一年，有的初中只读两年，回家劳动力气又还没上身，这才真叫耽误了一代人。这是全国性的，估计 61—62 两年全国被活活剥夺上学受基础教育权利的失学学生在二百万人以上。

1968—1976 八年间，是中国历史上普及教育最发达的时期。期间，随县共有中学达 900 余所，基本上实现了每一个生产大队都有一所中学。文革期间在校的中学生，转眼回乡有一半以上的人都当上了民办教师。其间有条件的大队还办有高中，例如随县新街七大队学校所办的高中，于 1977 年恢复高考后共考取九名大学生，被报纸报道为："黄土岗上出白米——记新七学校高考中状元。"

文革期间的教育模式是一种"普及"型的教育模式，即是使适龄的人既没有文盲也没有博士。"工农兵"与"大学生"是互通的；工农兵→大学生→工农兵，大学生来源于工农兵，毕业后绝大多数又回到工农兵。因为毛泽东的教育方针就是培养"有社会主义觉悟有文化的劳动者，"毛泽东把科技人才视为脑力劳动者。后来修正主义，便修正为" 劳动者和接班人"，使接班人不劳动，劳动者不接班。最后干脆废除毛泽东的教育方针，换成邓小平的"面向型"教育。即面向未来的资本主义市场经济，有条件的都出国面向世界了。

改革开放三十年后，随县被升级为地级市。如今随州市共有中学 120 所，仍有 20%的适龄儿童辍学未能享受九年的义务教育。如今是三个生产大队（村）只有一所小学，说起文革时每个大队都办有中学，新一代人根本不信。如今读高小的学生就要带上被子到学校住读， 星期天才能被家长接回家。因为学校离家太远。当然这其中有计划生育造成的原因，但是这也说明计划生育计划不周。

下面再谈一谈中国教育胡锦涛时代出现的"三大怪现象"：我们所指的"三大怪相"是：一大量的高中毕业生不参加高考；二、大力兴办洋大学；三、大力复兴孔孟之道教育。

一、大量的高中毕业生不参加高考。近几年全国各地都出现高中毕业生选择不参加高考的现象，越是发达地区比例越高，据报纸报道：温州 2010 年选择不参加高考的高中毕业生多达 3 千多人。这种现象在过去是从来没有过的。这就是邓小平的"三个面向"教育方针和胡锦涛的"科学发展观"的反应。因为面临大量大学毕业生找不到工作，便出现"大学生不如打工仔"，"花钱上大学不如提早赚钱"的理论。所以这就是"面向未来，面向世界，面向科学"的科学发展观。

二、大力兴办洋大学。自 2010 年开始，中国提出"高等教育要转型"，其重要内容是要让中国的名牌大学与国外的大学合作，在中国大力兴办洋大学。据说这就是科学发展观的要求。例如：上海征地数百亩不惜花数百亿正在兴建《上海纽约》大学。这难道就叫科学发展观吗？试问：这样的洋大学工农兵的子弟能上得起吗？中国现有的三千多所大学已经面临生源不足，为什么不取现成的结合而要另起锅灶呢？2009 年，上海经贸学院在新生军训前一天，因生源不足而宣布停办。2010 年，北京东方研修学院计划招生 1500 名，但最终只有 700 人报到，不到一半。当今大学普遍欠债，预计今后倒闭的大学会越来越多。

三、大力复兴孔孟之道教育。近些年中国花巨资在全世界各地大力兴办"孔子学院"，2004 年在韩国兴办第一所，至 2010 年已达 300 余所。而且兴办孔子学校的负责人尽然是中央政治局委员刘延东兼任。国家主席胡锦涛每次访美，在万忙之中都挤出时间拜访孔子学院。中国的学生教材和文学舞台出现"孔子曰"之热潮。自 2011 年元月天安门广场高 9.5 米的孔子青铜雕象树立之后，各报纸纷纷刊文，题目则是什么"孔子成天安门新地标"，"孔子登上天安门"，"孔子是中国文化的名片"，"孔子打败了毛泽东"等。还说"大兴孔孟之道是构建和谐社会的需要。"可《基因哲学》认为"孔子是封建文化的名片"，"是邓小平至胡锦涛打败了毛泽东"。

不妨就让我们认识一下孔子的真相：

孔子（公元前 551—公元前 479 年）本名孔丘，字仲尼。孔子生于宋国，小时随父母迁居鲁国。主要主张是"恢复周礼"和"仁政德治"。50 岁时曾在鲁国做了上卿。由于政治主张不能被高层统治者接受，54 岁时弃官离鲁开始周游列国。

第一站是卫国。卫国君对孔子待遇不错，但就是不让孔子参与政事。第二站曹国。孔子怀着悲愤的心情，离卫来曹结果曹国拒绝接待。第三站是宋国。宋国不仅拒绝接待，而且还要杀害孔子，逼得孔子只好乔装才逃离宋国。第四站是郑国。又没有被接待。第五站是陈国。孔子取得了一个有名无实的职位。第六站是楚国。孔子认为楚昭王是个贤君，不料刚投奔楚国，楚昭王死了。第七站返回卫国，卫灵公仍然不要孔子"为政"，也不向孔子"问政"。就是这样孔子周游列国共在外奔波 14 年之久，目的为录求做官以便实现他的"仁政德治"主张，结果以失败告终。

孔子回到故乡已经 68 岁了，晚年只剩四年的时间，孔子才把精力用于从教治学，开办私学和整理古籍文献。于 72 岁死去，这就是孔子的一生。

没想到孔子整理的懦家学说尽然在他死后被以后各封建王朝的统治者所接受，当做愚弄人民的工具。特别是孔子的"忠孝为本"，"君叫臣死臣不得不死，父叫子亡，子不得不亡，""忠孝不可两全时，则以忠至上"，最受统治者亲睐。江泽民的"以德治国"和胡锦涛的"和谐社会"就是孔子的"仁政德治"和"以和为贵"的译本。孔子学说比毛泽东思想正好落后 2444 年。孔子只有 4 年教龄，笔者是 40 年教龄，相当于孔子教龄的十倍；这样的孔圣人如何叫人心甘情愿的去尊崇呢？

最后想讨论一个问题：如何看待改革开放的成绩与邓小平其人其论的关系？

为什么当今社会有不少人总爱把改革开放以来的成绩往邓小平的名下记呢？这到底是怎么一回事呢？

　　邓小平是一个欠下中国人民四大命债的罪魁祸首，害死的总人数高达五千万；是一个反党、反人民、反社会主义的三反魔王，我们为什么偏要把功往邓小平的名下记呢？可以说：在这个世界上，邓小平害死的人比希特勒害死的人还要多，所以，歌颂邓小平与歌颂希特勒没有什么本质区别；在这个世界上，邓小平是唯一反遍中共最高领袖的人，所以，歌颂这种缺德人与背叛中共所有最高领袖没有什么本质区别。如果按此类哲学，干脆把功记在慈喜太后的名下还适合些，因为她才是垂帘听政的总设计师。

　　笔者并非否定所取得的成绩，成绩首先应归功于人民，其次是哪一届政府领导所取得的成绩就归功于哪一届政府。这样才叫客观和公平。

　　铁的事实明摆着：即 1959—1965 七年，邓作国家主席刘少奇的"军师"，被毛泽东所指："邓小平是个摇鹅毛扇的"。此七年是中国饿死数千万人，且经济发展最慢的七年。

铁的事实明摆着：邓小平垂帘听政的十年，是中国政治最动荡，经济发展最缓慢，贪污腐败最猖獗的十年。否则就不会有"六四"运动。

铁的事实还证明：中国多亏邓小平死了，结束了垂帘听政的时代，国家领导人才敢于名正言顺的治国，才有了国家的快速发展。

什么"改革开放"划时代，毛周朱在世的时候就已经中美和解，中日和解。过去中国是被排除在联合国外，处于反华大合唱的时代。随着时代前进，就是"四人帮"执政，国家也会发展。

中国的改革就是复辟，而且中国没有经历资本主义，只能复辟封建主义。从"宫廷政变"开始，发展到胡锦涛执政时"孔子高立天安门广场"，完成了共产党的彻底质变，真共产党已经早被邓小平消灭了，现存的共产党是假共产党，其主要标志是："钦定制"。钦定徒子徒孙比钦定太子更可靠。因会终生报恩，而太子认为"应该"。过去孔孟之道是维护封建统治的基石，如今的假共产党也想借以孔孟之道维护永远的统治地位。

现在已经发现：中国带社会性的弊端，追根求源，几乎都与邓小平理论有关。

在重新认识邓小平其人其论中，知识分子的作用非常重要。李敖先生说的好："知识分子的职业就应该唱反调。"否则，正中李敖先生所言："中国知识分子是中国最可耻的一个阶级。"希望中国的知识分子首先能自醒，其次能唤醒人民。

但愿中国能早点结束"邓式王朝"，早点统一国家，振兴中华，实现民权社会。

第七章：用基因哲学认识和评价中国的改革

——如何评价中国的改革？可用两个字高度概括：失败。即失败为主，成功为次；失败占多，成功占少；失败越来越明显越突出，成功越来越模糊越难见。评价改革失败主要是三大标志：其一，在政治方面，中国的改革根本不讲政治，改革几十年来，整个国家政治体制可以用三个字"钦定制"来加以概括。其二，在经济方面，中国的统治者高喊"改革经济大发展"，其实是一种假相；至 2010 年底中国人平欠债 2.2 万元，可以说经济面临破产的边缘，因为破产的标准就是看欠债。其三，在道德方面，中国的改革使国人道德普遍沦陷。人们不讲道德，只向钱看，失去理想，失去信仰。由道德沦陷所引起的社会治安恶化越来越严重。过去黑社会的东西，现在都有了，而且猖行。

其一，中国的"钦定制"不是社会主义的初级阶段，而是封建社会的变相和翻版。

为什么这样讲？因为改革开放几十年来，共有五个国家元首和四个中共党首都是邓小平钦定的。其五个国家元首是：华国锋、李先念、杨尚昆、江泽民、胡锦涛；其四个中共党首是：胡耀邦、赵紫阳、江泽民、胡锦涛。也就是说改革开放几十年来，所有的国家元首和中共党首都是邓小平钦定的。先不管这些人是好是坏，因为既无选择，又无比较，所以无法论好坏。仅凭"钦定制"这种制度就是最腐朽和最落后的东西。人类社会为什么要打倒封建社会制度，就是主要因为皇帝的钦定制剥夺了人民的政治权利，邓小平比皇帝还皇。由于上梁不正下梁歪，导致各级的官头都是由个别人钦定，而不是由民主选举产生。这样就出现了大量买官卖官的现象。如今邓小平虽然死了，但"钦定制"和"隔代钦定制"并没有消灭，反而蔓延成制度化。众所周知：习近平的国家元首和中共党首的接班人地位，并非胡锦涛钦定，而是隔代的江泽民钦定。胡锦涛正等着将来钦定习近平的接班人呢！这叫什么名堂？难道这样的改革还不算失败？

改革走到今天，连中国的统治者就只得承认中国的民主落后世界。他们怎么也不好意思吹中国特色民主如何先进？

例如：2005 年 12 月温家宝欧洲四国之行曰："美国黑人真正获得选举权大约经历了一百年，中国在一个十三亿人口的国家中推进民主建设同样需要时间。"

——中国统治者承认中国民主落后，但强调理由一是中国人多，二是需要时间，这是惯用的手法。所以世界日报 05 年 12 月 15 日刊登了陈大哲先生一篇文章《温总开的百年期票》，用以讽刺中国民主。意思指：美国黑人获得选举权就用了一百年，中国人民要获得选举权至少是百年以后的事。

试问：为何中国五千年，不如美国二百载？温总理为什么不想一想：1966 年中国文化大革命时，毛泽东曾发表声明"支持美国黑人革命运动"，当时的美国黑人确实不如人，美国的种族歧视确实相当严重。但没用到 30 年美国便彻底消灭了种族歧视，不但美国黑人取得了真正的选举权，而且相继不断出现黑人当宰相（国务卿）和黑人当国家元首（总统）。这就能有力的证明，美国的民主在前进，而且前进的速度惊人。

可中国呢？中国文化大革命已经把体现民主的"四大"（大鸣、大放、大字报、大辩论）写进了宪法；已经开始了国家领导干部实行"亦工亦农制"；……简言之中国的民主走到了世界的前列。可到如今，中国把"四大"从宪法中废除；国家实现了"垂帘听政"，"钦定制"和"隔代钦定制"；……这就能有力的证明，中国的民主在倒退，而且倒退的速度更惊人。

为何政治民主别国能前进，中国反而大倒退？这不是改革的失败，又是什么？一句话：中国不除太上皇，国家发展无希望。连国家元首都是太上皇钦定，只唤"人大"去确认，这样的改革还有什么成功可言？中国历史悠久，只能作为发达的条件、先进的条件而不能作为落后的理由、腐朽的理由。中国人多，人多更需要民主；人少还可以个别人说了算。本来改革就是统治者变革社会的工具，而人民变革社会的工具是革命。如果中国的改革想争成功之论，只要能还我"四大"，或者能真正废除钦定制，就算改革在政治上不完全是失败。

其二，为什么说"中国改革以来经济大发展，人民生活大改善"实属假相？

因为改革前毛泽东时代中国既不欠外债，也不欠内债。可如今人平欠债 2.2 万元。原来的国有资产，集体经济都相当雄厚，连林彪的"571 工程记要"就明文写道那时的中国是"国富民穷"。是啊，那时国家建一个个三线工厂都像小县城一样；那时每个公社、每个大队、生产队都有相当的资产。可如今集体资产全卖光，国有资产卖50%以上，这种国有资产的损失全国人平又是多少？人平欠债2.2万元和严重的国有资产、集体资产的损失足以证明"改革经济大发展"是假相。

又因为改革前，人民生活虽说艰苦，但苦得公平，苦得一样，这就苦中有乐；不像现在穷富差距天壤之别。例如：担任共和国政务院总理和国务院总理长达27年的周恩来，到76年临死时和其夫人邓颖超两人的存款共只有几千元。当今某抓一个任职7年以上的县级芝麻官，财产至少也有百万元以上。又如：当年参加三线建设的民工每月工资37.50元，而亦工亦农的国家干部直至陈永贵任国务院副总理也是每月37.50元，这怎么不叫人民心中信服？再说，当年全世界人民的生活水平都普遍远远低于现在，例如，70年代初，有相当的台湾人过冬连买袜子的钱就没有。改革后中国人的生活水平比改革前是大有提高，可全世界都是大有提高，而且别国的提高比中国的提高还要快。这里我们不妨举两个例子加以说明：例一，中美两国社安金的对比。美国的社会安全保障金2010年为每人每月850.00美元，而且全部落实兑现；中国的社安金标准2010年为每人每月50元人民币，而且还有相当的农村没有落实兑现。也就是说美国人的社安金标准是中国农民的106倍。而且美国的社安金制度已经实行七十多年了，从二战前就开始了，并且每年递增4%。中国人的生活水平的平均线到底与美国相差多少？例二，对比一下印度人的生活水平。印度的人口接近中国，过去也是穷国，但如今印度的经济发展比中国还快，人民生活的改善也比中国快，中国还有一亿多人温饱问题没有解决，有七亿以上的人口完全是温饱型的生活。而且印度欠债远远低于中国。中国在人平欠债2.2万元和严重国有资产损失的前提下人民生活的改善，难道不可说是一种假相？

关于中国欠债问题，这是一个十分危险的问题。这里重点讨论两个问题：

其一，中国的统治者成天以中国外汇存底占世界第一，和中国是美国最大的债主国，借以掩盖中国大量欠债的危机。"国家欠债"与"国家有外汇存底"这是两个截然不同的概念，完全是两码事。"国家的外汇存底"并不是国家的，而是客户的。客户包括外资企业、国有企业、私有企业、各种公司、所有富人的外汇存款等。当然不可否认国家也有一定的外汇存于银行，但绝不是外汇存底的主要成分。否则，国家为何人平欠债 2.22 万元？欠债是要付利息的。否则，国家为何拖欠老师工资？中央不断的下文强调企业不准拖欠民工的工资，可国家欠教育费多达两千多亿，欠一半以上教师的绩效工资长达一年以上。这就足以证明国家无钱。至于买外国的公债，这是银行做生意的一种行为，与国家欠债无关。中国的外汇存底多，其中有个重要原因就是：由于中国成天鼓吹改革经济大发展，使全世界的热钱大量涌入中国。

其二，如何看待中国欠债的危险性？

有人说美国也欠债，下面就让我们比较一下中美两国欠债有什么不同？主要不同有以下四点：一是美元为国际货币；二是美国为军事强国；三是美国长期欠债已习惯，而中国改革前是既不欠外债也不欠内债；四是美国欠债已引起国家领导人的重视，而中国却相反。

其中第四点是中国欠债最大的危险。美国的国家领导人以意识到"欠债多危及到国家安全"。美国从上到下正在采取一切措施紧缩开支，减轻债务。可中国的领导人对国家欠债根本没有引起重视，这是最危险的。他们一方面对人民尽量隐瞒债务；另一方面还在大力鼓吹"消费经济"。他们是有意欺骗人民，虚张自己的政绩，直到自己任期满把烂摊交给下届政府。从中央到地方，各级领导都是这种心态，这样中国迟早要出大问题。

可以说，中国现在是层层欠债。因为当官的都知道：不搞建设贪不到钱，搞建设才有升官的"政绩"，至于欠债那是国家认帐，无人追究。欠债越多，贪得越多，升官越快。反之，欠债越少，贪得也少，升官越慢。例如，2011 年春笔者有一个朋友回国做了一下调查：随意一所中学欠债都高达几千万，随意一所大学欠债都高达几个亿，真是惊人。如果问：高中和大学收那么多学费，为什么还欠债呢？因为政府无钱发高中和大学老师的绩效工资，于是学校就自找门道：利用学费发课时津贴，有的老师领的课时津贴比正工资还多。这样只是苦了退休的老师，因为退休老师领不到课时津贴，只能干瞪眼。各级政府更是欠债有的乡、村官员欠债吃喝把私人办的餐馆都拖垮了。他们说："当大官的配专车，全国公车消费一年花两千亿，咱们基层吃点喝点总可以吧？"

中国不仅层层欠债，而且恶性循环。欠债归欠债，当官的该怎样消费仍然怎样消费。欠的债再多，当官的到时屁股一拍升官走人，欠债的烂摊留给他人，新的班子又是这样……江泽民欠债留给胡锦涛，胡锦涛欠债留给习近平，这样恶性循环，总有一天出大问题。

我们之所以说中国改革经济大发展是假相，除欠债问题外，还有三大问题：

其一，相当一部分建设，表面看很雄伟很繁荣，其实是劳民伤财。特别是各级政府搞了大量的形象工程，其中劳民伤财的无益工程占大多数。

其二，浪费大。有相当的建筑建了拆、拆了建。改革30 余年，有些建筑重建次数高达三次、四次，甚至达五次以上。有的是换了领导不合长官意愿；有的是开始规划不合理。群众讽刺道："反正拆一次创造 GDP，再建一次又创造 GDP。"

例如：2006 年 10 月山东青岛市地标建筑青岛大酒店整体爆破，建成仅 20 年。2007 年 1 月浙江整体爆破的西湖边最高楼建成仅 12 年。2007 年 2 月沈阳投资 2.5 亿兴建的体育馆被夭折仅 18 岁。2009 年 2 月曾是亚洲跨度最大的拱形建筑沈阳夏宫 2 秒钟内变成一片废墟，只有 15 岁。2010 年 2 月江西南昌地标五湖大酒店整体爆破建成仅 13 年。2010 年 3 月海南海口耗资 3000 多万的"千年塔"短命不满 10 年。2011 年 4 月辽宁省科技馆 18 层的高楼整体爆破，年仅 23 岁。……类似这样的例子各地都有、比比皆是。中国城市经济学会秘书长刘维新讲到："我走遍大半个地球，从没看到世界上任何一个国家像中国这样大运动式的拆了建、建了拆。"

其三，相互攀比、贪大求洋，"一窝蜂"的上马。不讲经济效益，空置建筑比比皆是。中国的摩天高楼五年内将是美国的四倍。除此之外，最典型的就是高铁建设。政协委员九三学社副主席马培思批评道："2010 年中国高铁投资达5000 亿，远远超过教育和科技加起来的全部投资的 4000 亿。高铁建设成本一公里超过 2 亿元，这种投资何时能盈利？北京至天津的高铁是全国最早的高铁，计划投资 120 亿，实际花了200 多亿。计划 12 年还清贷款，可 2010 年一年不仅没有盈利，反而亏损 7 个亿，看来"12 年还贷"完全是空话。北京至天津这是客流量最密集的地区就如此亏损，全国的高铁又将如何？”又据《世界日报》2011 年 5 月 5 日报道：“中国铁道部债台高筑，去年估计亏损 200 亿元，今年首季就亏 37.6 亿，主要营运成本太高，今年亏损恐更高。”

营运成本高主要有两个原因：一是正常原因，因为高铁本来就容易亏损。目前世界上高铁盈利的只有两个国家：德国和日本。而且德国和日本也是先亏损十几年后才开始盈利。正因为高铁成本高易亏损，所以美国的佛罗里达州，联邦政府拨款 24 亿美元，让其建高铁，可佛州拒绝领款。二是非正常原因，指高铁的资金有相当大的一部分不是用在工程上，而是进了私人的腰包。层层当官的贪，光铁道部长刘志军就贪污数亿。

我们不是反对高铁建设，只是反对“一窝蜂”的上马。58 年大跃进中国搞什么“赶英超美”，现在的狂劲虚劲比 58 年大跃进还厉害。

总之，说“中国经济面临破产边缘”，如果联合国有“国家破产法”的话，那么中国的欠债早达标了。当今的中国经济模式已经呈现一种“邓式王朝”的“乱世经济”。所谓“乱世经济”就是政府失控，有法有规跟无法无规一样，一切乱了套，各行其是。胆大的、会搞的、各找各的发财门道；胆小的、老实人只能眼看别人发财干瞪眼，再勤劳也最多解决个温饱。所以说中国改革经济大发展是虚假的。

其三，为什么说改革使国人道德沦陷呢？

因为毛泽东时代把德育教育摆在首位，用毛泽东思想育人，用革命的理想育人，用英雄人物的事迹育人。到了邓式王朝的时代不再讲政治了，不再讲毛泽东思想了，革命理想、英雄人物更逐步变成笑料。于是原来已被灭绝的东西，现在不仅复活，而且猖獗起来。例如：赌博、嫖娼、卖淫、吸毒、绑票等，还有宗教、迷信、信神、信鬼也猖獗起来。现在的国人带普遍性的是向钱看，为了钱什么样的缺德事也有人干。例如，“黑心食品”层出不穷，连温家宝面对“彩色馒头”的出现就发出感慨道：“道德的滑坡已经到了何等严重的地步”。并引申说：“如果没有国民素质的提高和道德的力量，中国绝不可能成为一个真正强大的国家，一个受人尊敬的国家。”

现在谋私利是公开的，办事送礼烟酒都靠边站了。过去贪官讲：“你这事还得研究研究（烟酒烟酒）”。现在变成“你这事要提前（提钱）来办。”现在的社会若提讲风格、讲道德、讲奉献不但不受人尊重，反而被人耻笑。……缺德、丧德的人多，有德、守德的人少，这样的改革怎么不叫失败？

当然我们评价改革决不能像邓小平评价文化大革命一样："十年浩劫""半点也不能肯定"。如果把改革说成"30年浩劫""半点也不能肯定"那就是邓小平的理论。我们对改革当肯定的还是要肯定。例如：中国的改革至少还是使少数人富了，当今中国出现的富人之多，富的程度之厉害，全世界都感到惊讶。少数人富终归是件好事，因为这些新生的贵族，至少总还是十三亿中国人民其中的一部分；再说将来人民起来革命时既不难找对象，又容易见成效。

中国的改革固然是失败了，到底该怎么办？

总结一下人类几千年的阶级社会，各个朝代的统治者到最后都搞过改革，而且用长远的观点看，统治者的改革没有一个成功者，成功都是暂时的，否则怎么会有改朝换代？改革失败人民起来革命，革命推翻旧的统治者，又产生新的统治者，新的统治者搞不下去了又提出改革……几千年的历史就是这样：改革→失败→革命→再改革，一次又一次的反复重演。这就是几千年人类社会的发展史，也是任何人任何党都无法否认的历史规律。

所以，从这种意义上讲，基因哲学主张：革命不如醒世。

人类社会不在于再多一次革命。如果革命的目的只是把统治者换个班子，不能从根本上保障人民的政权，也不能从根本上消灭压迫和剥削，那么，让剥削足了的人继续统治也许还要好点。

所谓"醒世"就是让人民普遍的觉悟。人民的觉醒比革命更重要，我们绝不能重演共产革命的历史：全世界无产者联合起来→把旧社会打个落花流水→上台的无产者又永远执政成为新的统治者。我们不能追求盲目的革命，如果革命使党权回到神权，倒不如不革命。所以醒世的任务之一就是要精心设计好未来的人类社会，即设计好科学的革命远景，一定要能避免重演历史的悲剧。

只要人民能醒世，只要能将未来的社会设定正确和准确，要实现要达到目的，革命并非唯一途径。历史的经验告诉我们："和平演变"比"革命"更科学。既然社会主义能和平演变成资本主义，为何资本主义不能和平演变成民权社会？即使选择走革命的道路，也得采用理性革命。什么叫"理性革命"？就是主要通过明理、讲理以理服人的革命，而绝不可再步前人后尘采取以武力服人的"暴力革命"。

第八章：用基因哲学认识宗教

第一节：关于对宗教的定性

什么叫宗教？"宗"即宗族、古宗、宗派之意，"教"即教育，宗教是指以神的旨意为教经，以一定的人群为派别，以教育的形式出现的一种社会现象。

该怎样为人类的宗教定性呢？

马克思讲道："宗教是无情世界的感情，宗教是人类的鸦片。"如果要用比喻来形容宗教，马克思把宗教比喻成"人类的鸦片"这是再好不过的。宗教确实有毒害人类的作用。说其是"无情世界的感情"也不错，因为所有宗教都把人类说得非常无情，什么"人都是有罪的""人都是自私的""人类社会是十恶俱全""罪孽深重"等。唯一的感情就是"神爱"。

毛泽东讲道："宗教是错误的思想，是毒草，是牛鬼蛇神"。这也是比喻性的给宗教定性，比喻"毒草"也好，比喻"牛鬼蛇神"也好，都是形容型的为宗教定性。至于毛泽东把宗教归结为"思想"的范畴，这是否准确？

爱因斯坦讲道："宗教信仰可以回答有关人类生命意义的问题，是人类必不可少的。"爱因斯坦是个信教之人，也是一位科学家。但这种宗教的理解具有代表性，因为目前人类并不能掌握所有的自然规律，还有很多自然规律未被人类发现，人类也无法解释，可使用宗教是最不费脑的解释："是神创造了世界，创造了一切，包括人的生命来源。"

我们这里举出三位伟人对宗教的认识定性，是有代表性的，既有社会科学的伟人，也有自然科学的伟人；既有不信神的伟人，也有信神的伟人。然而总起来讲，到目前为止可以说所有伟人对宗教的定性都不太准确不太确切，甚至带片面性，没有一个对宗教抓住本质之本质的定性。

对宗教的定性问题非常重要，它关系到人类对宗教的态度，更关系到宗教今后在人类社会的去向和发展。那么，基因哲学是怎样为宗教定性的呢？

"宗教是人类的低级文化"——这就是基因哲学对宗教的基本定性。

为什么定性：宗教是人类的低级文化？

首先把宗教归结为文化的范畴，要比归结为思想的范畴准确一些。"低级文化"要比"错误思想"广义一些。"低级文化"有两层含义：其一是"文化"；其二是"低级"文化。

为什么说宗教属于人类文化？因为宗教中的神都是人创造的，或者说是人定义的。也就是说，世界上本来就没有神，现有的各种各样不同的神，大大小小的神，千奇百怪的神，万能的神都是人创造出来的。就像吴承恩创造《西游记》中各种各样的神一样，就像《封神榜》的作者创造姜子牙斩将封神一样。正因为所有的神都是人创造的，所以宗教是人类文化的一部分。如果把这个问题搞颠倒了，本来是人创造了神，却颠倒为"神创造了人"，那么宗教连人类文化就算不上了，这种人真是太愚蠢了。

那么，如果要问是什么人创造的神？答曰：创造神的人很多，有文人、有政治人物、有宗教领袖、还有其他各类人。例如：三千多年以前，姜子牙就是其中之一。中国的大部分神，诸如玉皇大帝、观音老母、土地爷、财神爷、阎王爷……有史书记载都是姜子牙封的。姜子牙把其妻封为"穷神"，因为姜子牙娶其妻时开始很穷，曾卖灰面还迁狂风暴雨，是其妻助他致富。姜子牙一直被人们视为保护神，所以自封为"窗神"。几千年以来，人们每逢过年，都在门窗处贴上"姜太公在此，诸神退位。"

姜太公何其人？姜太公（公元前 1155—1045 年）活了 110 岁，姓姜，名尚，字子牙。姜子牙在一次钓鱼时遇到周文王，受到周文王的常识，后拜为师。周文王封其师姜子牙为国师，是中国历史上的第一个军师。姜子牙后因辅佐周武王灭商有大功，被封为太公。

为什么说宗教属于人类的"低级"文化？

其一，因为人类社会发展的总规律是由低级向高级发展。过去的时间越长则越低级；将来的时间越远则越高级，这是最起码的知识和标准。人创造神是在很久很久以前，古人创造的。姜子牙距今已 3000 多年了。又因为公元前的孔子在《论语》中写到："敬鬼神而远之"，可见春秋战国时的孔子之前，神就已经被古人创造出来了。所以该"低级"到什么程度？则可想而知了。

其二，另一客观规律也能证明宗教是"低级"文化：世界上所有不信神，不信教的人都知道神，由听说神→识破神→否定神，这就是一个由低级到高级的认识过程。而所有信神信教的人根本不具备不信神不信教之人那种识破神的能力和知识。

例如，马克思在年轻无知时也信基督教，后来随着年龄的增长，知识的不断丰富，认识提高了，便再也不信神了。

这一规律就好比是人的学历，大学毕业生都有小学毕业生的学历，而小学生则不具备大学毕业生的学历。尽管有的小学毕业生比大学生还有出息，但是论学历他还是低级学历。

那么，有人会说：这不是客观规律，因为有不少人由不信神、不信教又发展到信神和信教。这又怎么解释呢？

这样的人无外乎下列三种情形：

第一种情形，一部分人是因为他们之前不信神、不信教的基本功不过硬。即他们并没有掌握人类的高级文化，不信神、不信教是盲目的，或者是随大流。

第二种情形，一部分人是出于某种政治目的。不妨举两个伟人加以研究，例如，孙中山和蒋介石，他俩在革命初期都不信神、不信教，特别是孙中山年轻时曾带头砸寺庙、毁菩萨、反对信教。但后来孙中山娶宋庆龄为妻，就开始信基督教了。蒋介石也是娶了宋美龄才变成基督徒的。这种信教显然是出于政治目的。

这里我们有必要研究一下宋氏家族的信教史：

宋耀如是所谓"宋氏家族"之父，其实他根本不姓宋，而是姓韩。宋耀如出生于海南岛文昌县洒镇古路园村，他是贫苦农民韩洪冀的儿子，名叫韩教准。直到 14 岁那年因受到老板娘的欺侮，才偷渡到美国。后被基督教神父作为拯救中国传福音的牧师而精心栽培。神父给韩教准起了一个英文名叫宋查理，于是便改名宋耀如，就这样姓韩的儿子，不再姓韩而改姓宋了。后来宋耀如被派回中国传福音，终于凭在中国传教并主要靠印销《圣经》而发了大财。直至 1918 年死于四十壮年。

孙中山与宋耀如是好朋友，孙中山比宋耀如还大五岁。按传统宋耀如的三个女儿应是孙中山的侄女，但宋氏三姐妹都做过孙中山的秘书，最终宋庆龄被成为孙夫人。当宋庆龄逃离宋家与孙中山私奔日本结婚时，宋耀如追到日本大骂孙中山，并不承认这门亲事。

孙中山成为宋家之婿后，紧接着蒋介石也成为宋家之婿，并都信起基督教了。这种信教难道不是出于政治目的？显然孙中山与蒋介石信教不仅是为争取老婆欢心，更重要的是为了争取美国。为什么这样讲？因为孙中山早年根本不信神，曾折断神像的手臂。孙中山还讲道："帝国主义不但从政治上和经济上掠夺中国人的物质，还用宗教来掠夺中国人的精神。"

第三种情形，还有一部分人是出于求生而信教。例如，有相当的和尚、牧师、神父等。这些人以宗教为职业。他们信教怎么不可说是为了谋生？这些人到底是真信教还是假信教还很难说。例如，不少算命的先生，他们成天给别人算命是为了谋生，其实他们自己根本不相信算命。有不少神父和牧师成天讲"做坏事会遭神的报应"，但他们背地里尽做坏事，有的简直是丧尽天良的坏事，这就说明他们信教是假的。

还有人会说：美国是世界上最发达的国家，可美国视信神信教为立国之本，美国历届总统就职都要怀抱《圣经》，在神父面前宣誓，这怎么能说宗教是人类的低级文化呢？

基因哲学认为，美国的发达并不在于信神信教，而主要在以下几方面：其一，两次世界大战美国均获大利。开始不参战，专卖军火；最后参战成为战胜国。其二，美元作为国际货币，又使美国获大利。其三，美国使用了全世界 40% 的能源，使用了全世界 50% 的优秀人才。其四，最重要的还是内因，美国鼓励 18 岁自立，鼓励男女都 65 岁以上才能退休，这样能充分调动国民的能动性。应该说美国的信神信教，在一定意义上还阻碍了美国的发展，否则将更发达。

美国历届总统信神信教，不但不能改变宗教的低级文化性质，反而进一步证明其"低级"程度。为什么这样讲？因为美国的历史才两百多年，美国还将长期存在和发展，美国会活两千年，乃至更长。笔者这里做一预言：随着美国文化由低级到高级的发展，美国总统就职时总有一天再也看不到怀抱圣经在神父面前宣誓的傻瓜形象。并且这一天不会太远。这里必须指出的是：现有的美国历届总统信教，其实真正信教的并不多，而是为了争取选民。

第二节：人类文化的分类

宗教是人类的低级文化，那么到底低级到什么程度？这就要研究人类文化的分类问题。

人类文化到底可分哪些类型？人类的各类文化与人类社会又有怎样的对应关系？

总结人类社会几千年的历史可得，人类文化可分为四类：初始文化→神文化→党文化→人文化（即高级文化）。

什么叫初始文化？人类处于原始社会和奴隶社会阶段时，刚开始起步的文化叫"初始文化"。

什么叫神文化？产生于封建社会时代，以信神为主，视"人为神的儿女"的文化叫"神文化"。

什么叫党文化？产生于资本主义时代，以党执掌国家政权，视"人为党的儿女"的文化叫"党文化"。

什么叫人文化？"人文化"是"人类高级文化"的简称。即当人类社会发展到高级社会——民权社会所具有的文化简称"人文化"。

人类文化就是人类社会发展的产物，又是指导人类社会发展的动力。——这就是人类文化与人类社会的总的关系。

人类的五大社会与人类的四大类型文化有如下的对应关系：原始社会和奴隶社会→初始文化；封建社会→神文化；资本主义社会→党文化；民权社会→人文化。

显然，宗教属于神文化。宗教是低级文化的"低级"程度就十分清楚了。如果要把程度量化，则为不及格的"低级"。

下面我们来研究一下神文化与党文化的主要特征及其关系：先看两个例子，例一，对人的认识。神文化认为"人是神创造的"，"人是神的儿女"。"神是万能的"，"神是至高无上的"，"人都是有罪的"。"人的一切都是神的旨意和安排"。

党文化认为，"党是领导一切的"，"人是党的儿女"，"一切都是党给的"，"党是至高无上的"，"人的一切要听从党指挥，党叫干啥就干啥"。

例二，对"救人"的认识。同样是救了一个人，神文化认为："我是神的儿女，是神的旨意让我救人的，你不要感谢我，你要感谢神。"党文化认为："我是党的儿女，是党培养和教育我救人的，你不要感谢我，你要感谢党。"

　　类似这样的例子实在太多，这足以证明神文化与党文化具有共同的特征：都是在阶级社会中，统治阶级用以愚弄人民的工具。它们二者的关系是：神文化与党文化虽不是一个妈所生，但是一个老子。党文化是神文化的翻版，党文化是对神文化以毒攻毒的产物。

　　资本主义社会比封建社会还是要进步，所以党文化比神文化还是要进步一些。因为党必然是人的群体，而神是人的集合之外的怪物。

　　这两种文化其病理病根是一样的，那就是神文化与党文化都带虚假性和欺骗性。基因哲学对人的认识是：人是世界上最神圣的。世界上的一切都是人发现的、认识的、定义的和创造的。包括神也是人创造和定义的，党更是人参与和组建的。世界上不能有任何东西超越人类至上。基因哲学对"救人"的认识是：救人是为人做人的本能。要想自己遇难时有人救，就得救身边危难的人，见死不救的人根本不是人性。

　　当今世界上反对党文化出现一种错误倾向：本来反对党文神本身是正确的，但是有的人反对党文化不是为了发扬人文化，而是为了复辟神文化，这就是带方向性的错误。还有的反对党文化，只反对 A 党，而不反对 B 党，也不反对 C 党，甚至于自己就是 D 党，这叫什么反对党文化？人文化认为：党没有一个好东西，因为所有党都是代表集团的利益；党没有一个靠得住，因为由好变坏、由先进变腐败是所有党的共性。目前世界上各种各样的党人，其总和只占人类的10%左右，属于"极少数"或者属于"一小撮"，党凭什么执掌国家政权？所以我们反对党文化的根本目的就是要反对以党权篡夺民权，是要还权于民而决不是还权于其它党或是还权于神。

　　当今的世界真正信神的人并不多，绝大多数都是凑热闹。有少数信神的人，总认为"神和宗教能教人学好"。基因哲学认为：宗教即使能教人学好，但也是虚假的、暂时的。因为宗教的教经教理或者说理源是错误的。因为神文化认为"神是救世主"。"神是万能的"，"人都是有罪的"，这就是最典型的理源错误。如果神真是救世主，神产生万年之久了，到底救世多少？如果神是万能的，神产生万年之久了，世上有什么东西是神建造的？如果人都是有罪的，那么这个世界该是住满罪人的世界，难道这不是对人类对世界的侮辱？所以宗教的理源是根本错误的。

第三节：宗教对人类的危害

宗教产生几千年以来，用局部的观点、用暂时的观点看问题，可以说宗教对人类的社会进步和对人类的教育也起过一定的积极作用。因为"低级文化"必然是人类文化的一部分。

但是随着人类社会的发展，特别是自然科学的高度发展，用全面的观点、用长远的观点看问题，可以说宗教已成为危害人类社会、危害人类教育的最大之敌。因为低级文化与人类的高级文化是根本矛盾的。

特别是宗教产生时，人类没有任何武器。而当今的社会人类已有能毁灭世界的武器，还用宗教那一老套，必为人类社会带来灾难。

其一，宗教是人类两次世界大战的策动力。

仔细研究不难发现：两次世界大战的首要战犯几乎都是信教的教徒。例如：希特勒是个教徒，法西斯主义本身就是一个错误的教派，希特勒灭绝犹太人其实就是宗教斗争。意大利的墨索里尼也是个教徒。日本的天皇、东条英矶、岗村宁次都是教徒，日本的武士道精神本身就是武士道教的产物。

其二，宗教是当今世界恐怖主义不得安宁的根源。

因为宗教的种类甚多，世界上宗教少说也有近百种，虽说宗教都信神，但是各种教派所创造和定义的神根本不同，所以神的旨意也不同，由神的旨意进而产生的教经也不同。因此各教派之间，相互矛盾、相互斗争、相互残杀，这就是世界不得安宁、恐怖主义的根源。人类历史上所有的种族灭绝都是宗教斗争的产物。

以下我们专门研究一下反恐与宗教的关系：

"反恐"这个词自 2001 年美国 9.11 事件后成了世界上喊得最响的东西，至今已响叫十年。至 2011 年 5 月 1 日，制造 9.11 事件的本拉登已遭美国海豹特种部队猎杀，但据悉基地组织声称要报复，世界反恐的任务更艰巨。这个世界何时无恐可反？谁也难以预料。

可是有些问题人类为何不深思？例如：为什么本拉登要制造 9.11 事件？以战争反恐能除恐吗？反恐与反霸有什么关系？恐怖与宗教又有什么关系？

笔者看过一本书，书名叫《本拉登秘密档案》副标题为："他是恐怖分子，还是回教英雄？"原来本拉登 1957 年出生，1980 年大学毕业，具有工程师的学历背景。他十分善于经商，家庭非常富有。拉登的父亲娶妻 11 个，子女 54 人，其中男儿 25 人，拉登排第 17 子。拉登至出书之时已娶妻 6 人，子女 19 人。本拉登的父亲死于空难。在 1979—1989 的十年间，在前苏联与美国于阿富汗的争战中，本拉登曾帮助美国对抗苏联，当时本拉登与美国的关系非常好。1996 年神学士组织攻占阿富汗首都喀布尔后，成立临时政府。苏联解体后，神学士组织与美国因伊斯兰教与基督教的矛盾而变成仇敌。美国联邦调查局在 9.11 之前曾悬赏超过五百万美金缉捕本拉登。过去美国从来未悬赏超过两百万美元的赏金，这更激怒了本拉登，从而制造了 9.11 事件。

本来 9.11 事件是灭绝人性的恐怖事件，但事后本拉登仍然受到回教徒的保护，正因为本拉登一直是一名回教领袖，回教是以神学士为骨干的教派。可以说 9.11 恐怖事件归根结底是人类宗教的相互残杀事件。本拉登炸世贸大厦说"这是神指使他发动的圣战"；布什发动阿富汗和伊拉克战争也说："这是神的旨意，是圣经的道德命令。"所以，世界上的恐怖活动与反恐战争都是利用宗教在做煽动，是宗教斗争的产物。9.11 事件本拉登炸毁了世贸大厦，使 3000 人遇难。然而 9.11 事件后，美国发动了阿富汗战争和伊拉克战争，耗资几兆美金，死亡人数数万人，直至把美国的经济都拖垮了。真不知这是否叫"美国胜利"？

人类社会出现这样的世象，不得不令人深思：如果没有宗教就不会有 9.11 事件；如果没有霸权就不会有"人肉炸弹"之类的恐怖；以战争反恐不但不能根除恐怖，反而使世界更加恐怖，战争本身就是恐怖。

恐怖与霸权是紧密相连的，往往恐怖产生于霸权，也就是压迫必有反抗。所以反恐固然重要，但反霸也绝不可少。如果只反恐不反霸，或者以霸反恐，其结果只能使世界越反越恐。如果霸权消失了，恐怖也会自然消失，这样才有和谐社会可言。

其三，宗教是长期蒙骗和麻醉人民的毒素。

人类的自然科学在近百年以来，有突飞猛进的发展和飞跃，由劳力时代发展到电力时代，又由电力时代发展到讯息时代。可人类的社会科学几乎停步不前，没有根本的突破和发展，仍然是神、鬼、党之类的东西。研其原因不难发现，社会科学的停步不前正是宗教在阻碍作怪。

人类的文化教育在社会科学方面，至今为止，连一本具有统一提法的关于对人的思想和道德教育的教科书就形成不了，就不具备。呈现出各搞各的教派，各念各的经。当今的世界教堂是越来越多，从事宗教的专职人员也越来越多，上教堂的教徒也越来越多，也就是说经济花费越来越大。可是人的思想越来越坏，人的道德是越来越差，越来越沦陷，人与人的斗争是越来越严重。这难道不能证明"宗教是麻醉人民的毒素？"

例如，法轮功组织就是当今世界上中宗教之毒最深的一个群体。法轮功自产生以来才十几年时间为什么有那么多人相信？号称亿万之众。笔者作为一名华侨开始以为是什么新生事物，对笔者一个研究哲学的人，不妨下功夫研究一番，结果发现：法轮功根本不是什么新生事物，完全是一派无知的胡言，是陈词滥调。

原来《法轮大法》宣扬宇宙的本性是"真、善、忍"，而"地球只是宇宙的一个垃圾站。"地球上的"人都是从宇宙各个空间掉下来的。因为他不符合那一层宇宙的法的要求的时候，那么他只能往下掉。直至掉到常人这个状态来了。返不回去的，就只有生死轮回。""宇宙中不好的人往下掉，掉到宇宙的中心——地球。""你返回到原来人类社会这个境界当中，不用太高，你回头看一看人及今天的人类社会，就会发现很可怕！真的很可怕！你看现在这个人类真是个十恶俱全。"

李洪志在全盘否定人类社会的基础上，便提出了"末日论"。"历史上许多大觉者、先知都预言过人类在此时将有大劫之忧。今天的人类比先知预言的还要恶劣。……人类道德急速的下滑，已经在危险的边缘了。……世界每次出现劫难的时候，都是人类道德无存的时候。"他料言："现在就是末法时期"，"末法时期的人类罪孽深重，能升上来的就升上来，剩下的就越来越败坏，那神就是要销毁他。垃圾已经臭了，不能污染了宇宙，只能销毁。"他还说："在神看来人根本就不值得保留，这么乱的地方，毁了！销毁了！！地球就是这么个地方。"李洪志进一步提出了一种"周期性劫难理论"。他告诉弟子："有一次我仔细的查了查，发现人类有 81 次完全处于毁灭状态，只有少数人活了下来，遗留下原来的一点史前文明，进入了下一次时期，过着原始生活。人类敷衍的多了，最后又出现了文明。经过 81 次这样周期的变化，我这还是没有查到头。""我们这个宇宙每次经过了久远年代以后，都会发生一起宇宙的大灾难。每一场难就使宇宙中的一切，包括星球都能够毁灭，宇宙中的一切生命都可以毁灭。""这个十恶俱全的地球有一个并不遥远的确定的毁灭日期，最长不会超过 30 年。"（以上都是摘抄的《转法轮》中的原文。）

法轮功完全把李洪志神化。称李洪志为"大觉"、"先知"、"老师"，甚至于是天下唯一的"大觉"、"先知"。其实李洪志就是文革期间一名 68 届的初中生，连一天民办教师也没能当上。请看李洪志小档案：

李洪志，男，1952 年 7 月 7 日出生于吉林省怀德县公主岭乡。1960 年—1966 年读小学，1966 年—1969 年文革期间初中毕业；1970 年—1978 年当兵吹小号；1978 年—1982 年在吉林省森林警察总队招待所当服务员；1982 年—1991 年转业长春市粮油公司保卫科工作；1991 年停薪留职，专业从事法轮功创作；1992 年 5 月邓小平南巡讲话后法轮功开始上市面向社会；次年 8 月法轮功被中国气功科学研究会正式接纳为"气功科学研究会直属功派"，李被评为中级技术职称"气功师"；1994 年—1996 年法轮功获江泽民政府官方承认后对外弘扬，李洪志亲赴欧美传功；1996 年 9 月中国气功科学研究会发现有问题并向政府书面报告不得查处；1998 年李洪志全家以技术移民获美国政府批准移居美国；1999 年 4 月 25 日法轮功发动万人围坐中南海，江泽民政府通缉李洪志。至今李洪志定居纽约长岛私人豪宅继续从事法轮功，并已取得美国国籍。

试问：法轮功为什么能发展如此迅猛蔓延全球？

答：最根本的原因是中美两个大国政府的支持。前五年是中国政府的支持，后五年是美国政府的支持。

先看中国政府的支持：其一，政府支持李洪志脱产创作法轮功。1982—1991 年李洪志在长春市粮油公司保卫科工作无聊，开始业余创作法轮功，1991 年政府批准其脱产专业创作法轮功。其二，政府支持法轮功上市。法轮功是在 1992 年 5 月邓小平南巡讲话指引下合法上市传播的。其三，政府大力鼓励法轮功。1993 年法轮功才 传播一年就被中国气功科学研究会正式接纳为"直属功派"，并授予李洪志中级技术职称"气功师"。其四，政府支持向国外弘扬。1994—1996 年李洪志亲赴欧美传功，都是经过政府批准的。这是以传播中国文化形式出现的。其五，政府坐视不理。当 1996 年中国气功科学研究会已发现法轮功有问题并向政府报告了，但政府仍然坐视不理。所以要镇压法轮功得先镇压邓小平、江泽民才合理。

再看美国政府的支持：其一，美国政府给于法轮功最大的政治支持。1998 年中国还没有打压法轮功，美国政府批准李洪志全家移民，这是以引进技术人才批准的。其二，美国政府经济上大力扶植李洪志。李洪志开始来美属于无产阶级者，是美国政府支持才发财，至今在美国纽约长岛拥有几栋豪宅。最初美国基督教援助李洪志一万美金起家，后来李洪志的《转法轮》一书，美国政府办的图书馆大都购买存放。其三，美国政府大量批准法轮功学员政治庇护。所以现在美国的法轮功发展比中国要厉害得多，应该叫"美国的李洪志"，"美国的法轮功"了。中国政府从来没有批准马克思移民中国，也没有批准一个马克思主义者移民中国，现在世界上都说中国是一个马克思主义的国家，为什么不可以说："美国是一个法轮大法的国家？"难怪中国政府对法轮功现在袖手旁观？原来等着看笑话。或许下一届美国总统对上帝就职起誓时怀里抱的不再是《圣经》而是《转法轮》！笔者子孙共十多人是美国公民，笔者真担心美国政府今天支持法轮功李洪志，就像 9.11 前几年支持神学士本拉登一样。总而言之，中美两国政府在法轮功问题上都符合毛泽东讲的一句话："搬起石头砸自己的脚。"

研究之后令笔者哭笑不得，这么荒唐的东西竟然有那么多世人相信。却原来：毛泽东思想靠边站，邓小平理论扯球蛋，法轮大法才得以全球泛滥。其实，也可以说法轮功正是邓小平全盘否定文化大革命的产物。

法轮功嘴上喊着"真、善、忍"，其实是连一点真、善、忍的味道都没有。法轮功把人类视为"宇宙空间掉到地球上的垃圾"，这真吗？善吗？法轮功成天与人斗与中共斗，这叫忍吗？试问：法轮功学员到底是不是人？应该回答"是人"吧。那么按照法轮大法的理论，这些就是真正的垃圾。

　　法轮功成天闹"天灭中共"，他们不是要消灭所有党，实现民权社会，而是只消灭共产党。他们为什么要消灭共产党？显然是要夺取共产党所掌握的国家政权。法轮功组织早在几年前就成立了一个"中国过渡政府"，总统是伍凡，副总统是贾甲，议长是袁宏冰。哎呀呀！如果中国真让这些人上台，岂不是中国最大的悲哀！

然而，我们研究法轮功也必须明白：法轮功虽然害人，其实法轮功也是宗教的受害者。可以说如果世界上没有宗教，就绝不会有法轮功。法轮功的出现也进一步证明：宗教只是人类的"低级"文化。

　　其四，宗教是蚕食人民国家政权的大敌。当今的世界有不少国家政权完全由宗教领袖操控，还有一些国家的领导人本身就是某宗教的信徒，时时处处替本教派发声，这些就足以证明宗教是蚕食人民国家政权的大敌。因为国家政权应该是全体人民的政权，而决不是某教派的政权，任何教派对于全体人民而言都是"一小撮"之列。

第四节：人类应如何处理宗教？

　　人类应如何处理宗教？人类对宗教的处理总原则，可以概括为八个字：保障自由，逐步废弃。

　　这八字方针含有两层含意：一是要保障宗教自由；二是要逐步废弃宗教。这二者是既对立又统一的，二者缺一不可。"保障宗教自由"是根据现实社会的实际情况而采用的对策，这是手段。而"逐步废弃宗教"是人类文化发展大方向的要求，这是目的。若只有"保障宗教自由"，而缺少"逐步废弃宗教"，那就犯了方向性错误。若只有"逐步废弃宗教"，而缺少"保障宗教自由"，那就犯了左的错误，不能正确面对现实。

　　人类为什么在现实的社会中要保障宗教的自由？

　　因为人类的现实社会虽然自然科学发现很快。可是社会科学停滞不前，资本主义社会是一个"政教不分"，"党政不分"的社会，宗教盛行的程度在一些国家和地区不亚于封建社会时代。人的思想觉悟提高总得有个过程，接受高级文化也得有个过程，既然几千年有宗教的阶级社会人类都过来了，又何必在乎一朝一夕呢？急于求成而客观条件没成熟，反而适得其反，甚至会出问题。所以面对人类的现实社会只能保障宗教自由。

人类社会发展到高级社会，为什么必须废弃宗教？因为宗教只是人类的低级文化，不废弃宗教人类的文化与人类的高级社会就会不符。所以大方向必须明确：人类必须废弃宗教，迟早得废弃。但是废弃宗教必须逐步实现，决不可一步到位，或者一刀切。所谓逐步实现就是自然实现，人类应努力创造和发展高级的文化，一旦高级的人文化普及了，低级的宗教文化就会自然被废弃。例如，宗教有教会，那么人文化可发展学校、学堂、俱乐部、娱乐室等；宗教有佛经、圣经、魔门经等，那么人文化可创作人经、男人经、女人经、老人经、少年经等……总之好的东西、有趣的东西，宗教有的，人文化不但要有而且要更好更有趣。

我们为什么不提"消灭宗教"而提"废弃宗教"？因为我们可以把废弃宗教比喻像人类废弃黑白电视机一样。尽管发明黑白电视机的年代，人类非常欢喜；但当人类后来发明了彩色电视机，黑白电视就自然废弃了。谁也没下命令从什么时候开始废弃黑白电视，就是你现在还坚持看黑白电视，也有你的自由。如果真有什么人强令从何时起必须废弃黑白电视，他肯定会遭到众人的反对。废弃宗教就要像这一样，要逐步的、自然的实现。

怎样逐步呢？最关键的一步就是要真正保证"政教分开"。什么叫真正的政教分开？就是一个人只要信教就不得从政，只要从政就不得信教。按理讲人类的宗教早该衰熄了，为何当今越闹越旺呢？原因就在于政教不分。有些国家和地区把宗教视为文化的核心，把文化视为宗教的表述；把政治当作宗教的展现与保障，把宗教当作政治的基石，这是极不正常的。古代人对完全的信教者还逼其"出家"，难道现代人还不如古人？从政是管理广大人民群众的，各种教徒任何时候都是群众的少数派，所以，从政的人理所当然不能信教。人类只要能真正做到"政教分开"，就相当于"彩电已经问世"，废弃宗教是水到渠成之事。

总之，作为现实的手段"保障宗教自由"要立法要落实；同时，作为长远的目标"逐步废弃宗教"要明确要坚决。

第九章：用基因哲学认识"阶级和阶级斗争"

众所周知，"阶级和阶级斗争学说"是马克思主义的核心，也是毛泽东思想的核心。

马克思主义主张"全世界无产者联合起来，消灭资产阶级，最消灭资本主义，实现共产主义。"马克思主义认定："无产阶级（即工人阶级）是先进的阶级，是最革命的阶级，是最具革命彻底性的阶级，一句话是最好的阶级，所以是革命的领导阶级。"马克思主义认定：资产阶级是最自私的阶级，是反对革命的阶级，一句话，是最坏的阶级，所以要消灭资产阶级。

毛泽东讲道："消灭阶级、消灭国家权力、消灭党，全人类都要走这一条路的，问题只是时间和条件。""在整个社会主义历史过渡阶段始终存在阶级和阶级斗争。""要以阶级斗争为纲，纲举目张。""阶级斗争要经常讲，年年讲，月月讲，天天讲，只对少数人讲不行，要使广大人民群众都知道。"

邓小平理论则是从根本上混淆，否认和抹煞阶级斗争。例如他提出："知识分子是工人阶级的一部分"，这就是典型混淆阶级的谬论。显然工人阶级中有部分人是知识分子，知识分子怎么会是工人阶级的一部分呢？按邓小平的哲学和逻辑，农民、商人、军人也可以说是工人阶级的一部分，连地主、资本家都可以说成是工人阶级的一部分。

基因哲学认为：马克思主义和毛泽东思想关于阶级和阶级斗争的学说具有严重的错误。概括起来讲就是它严重违背了阶级和阶级斗争的客观规律。主要表现在三个方面：一是把阶级和阶级斗争二者混为一团；二是把一个人或一个党的阶级视为一成不变；三是把阶级划分为好与坏。阶级和阶级斗争的客观规律告诉我们：①阶级和阶级斗争是两个截然不同的概念，阶级是永远消灭不了的，我们要消灭的只是阶级斗争。②一个人的阶级，一个党的阶级都是在不断变化的，决不能一成不变。③阶级没有好坏之多，过去把无产阶级定为好的阶级，把资产阶级定为坏的阶级，这是加剧阶级斗争的根源。

马克思主义最严重的错误就是把阶级分为好坏，试问假如把种族分为好坏，能消灭种族歧视吗？毛泽东的阶级和阶级斗争学说，一时混淆阶级与阶级斗争这两个不同的概念，进而提出"消灭阶级"；二是把"树欲静而风不止"的阶级斗争，搞成"摇树动而成风"的阶级斗争。

一、"阶级"、"阶级斗争"这是两个截然不同的概念，决不可混为一团，甚至张冠李戴。

什么叫阶级？马克思曾做过描述性的定义："由各种社会地位构成的多级的阶梯。"基因哲学对阶级的定义是：按照一定的属性把人类分成的不同性质的各种集合叫阶级。我们这里是用自然科学数学的的集合论来定义阶级的。强调的是划分阶级的前提："按照一定的属性"。

例如：如果按执政地位划分，可分为：统治阶级、被统治阶级。如果按照占有资产划分，可分为：无产阶级、小资产阶级、中产阶级、资产阶级、大资产阶级。如果按照职业划分，可分为：工人阶级、农民阶级、商人阶级、学生阶级、军人阶级等。如果按照占有土地划分，可分为：贫农、下中农、中农、上中农、富农、地主、大地主。如果按照文化程度划分，可分为：非知识分子、小知识分子、知识分子、大知识分子。还可以按照其他属性划分。如：按形象（白领阶级、非白领阶级）；按层次（上层阶级、中层阶级、下层阶级）；按权力（高官阶级、中官阶级、低官阶级、庶民阶级）……

什么叫阶级斗争？以阶级的名义出现的社会斗争叫阶级斗争。阶级斗争有两个基本要素：一是"以阶级的名义出现"，二是指"社会斗争"。人与人之间的许多个人斗争和团体斗争只要不是以阶级的名义出现的斗争则不属于阶级斗争。大量的斗争如：家庭斗争、校内斗争、厂内斗争、公司内斗争、官场上的个人斗争等不带社会斗争性质，也不叫阶级斗争。

阶级是人类社会永远存在的，是永远不会消灭也不应该消灭的东西。即使到了人类未来的理想高级社会阶级也不会消灭，只是出现阶级和睦罢了。而阶级斗争是人类社会需要消灭的东西，阶级斗争是可以消灭的也是应该消灭的。尽管人类社会处于阶级社会的时代，始终存在阶级斗争，但到了人类未来的理想高级社会，阶级斗争一定要消灭，也一定会消灭。我们所指的"阶级社会"是指存在阶级斗争的社会，而决不是指存在阶级的社会。

为什么说阶级是永远不会消灭，也不应该消灭的？

因为即使到了人类未来的理想高级社会，也仍然需要社会的不同分工，根据社会的不同分工，进而把人划分为不同的阶级，如工人阶级、农民阶级等；还因为任何事物，任何时间都会存在差别、差异、和差距，人的经济地位、政治地位、社会地位永远都会存在差别差异和差距，所以说阶级永远不会消灭，也不应该消灭。

为什么说阶级斗争是可以消灭的，而且是应该消灭的？

因为到了人类的高级社会——民权社会，人与人之间尽管有各种各样的矛盾和斗争，但再也不是以阶级的名义出现，而是以个体或是随机构成的群体的名义出现，而且矛盾和斗争又不带社会性，属于局部的，这种斗争不叫阶级斗争。所以，阶级斗争是可以消灭的。马克思主义的"阶级和阶级斗争"的学说认为"有阶级存在，就一定有阶级斗争存在"这种观点是非常错误的，这不是客观世界的客观规律。

阶级斗争既破坏了生产力又破坏了生产关系，所以是人类社会应该消灭的东西。

我们这里为了帮助认识阶级和阶级斗争的客观规律，作一个带启迪性的比喻："阶级和阶级斗争"就像"种族和种族歧视"一样。"种族"与"种族歧视"，也是两个截然不同的概念。我们要消灭的是"种族歧视"；而决不是"种族"。"种族"是永远消灭不了的，而"种族歧视"是可以消灭的，而且是应该消灭的。

美国在 50 年之前还是一个"种族歧视"十分严重的国家，但现在可以说已经基本上消灭了"种族歧视"。虽然当今美国仍然存在不少不同种族的人之间的斗争，但决不是以种族的名义出现的斗争，所以这就不叫"种族歧视"。这是美国的社会飞跃发展的体现，美国能消灭种族歧视，也为人类社会能消灭阶级斗争树立了榜样。

二、马克思主义把一个人的阶级或一个党的阶级视为一成不变的东西，这是马克思主义关于阶级和阶级斗争学说的另一大错误。

他们口口声声讲事物都是在不断发展变化的，"变"是宇宙的根本属性和规律。可马克思主义的阶级和阶级斗争学说就违背这一规律。例如：它把一个人一出生就划定一个阶级的范畴，比喻属于地主阶级、贫农阶级等，也就是通常所指为"家庭成分"或"家庭出身"，有的被说成"个人成分"或"个人出身"。对于每一个人而言，这个东西一旦划定就视为一成不变。有的人出生时家里就没有一分地，但仍然被划为地主，即使其一生贫穷，"地主"阶级仍然一成不变。有的人一出生被划为"贫农"，尽管以后其发了大财、做了大官，他的"贫农"阶级还是一成不变。对于每一个党而言，也是把它的阶级一旦划定就一成不变。例如：对共产党而言，马克思主义阶级和阶级斗争的学说定共产党为无产阶级政党（或称工人阶级政党）。几十年的共产党《党章》第一句话则一成不变的为"中国共产党是中国工人阶级的先锋队"。尽管中国共产党工人只占 10%。尽管中国共产党已经统治中国几十年，尽管中国共产党已经拥有万亿的资产，但仍然说其是无产阶级政党，一成不变。真不知这是什么哲学和逻辑？

阶级和阶级斗争的客观规律告诉我们：每一个人的阶级属性，或每一个党的阶级属性都在不断的变化中。例如，一个人青年时是学生阶级，成人后当工人成了工人阶级；一个人开始穷是无产阶级，后来发了财就变成资产阶级；……。每一个家庭的阶级属性也都在不断的变化中，例如，一个家庭开始或者上一代在农村种地是个农民家庭，后来或者下一代这家人进城做生意了，就变成商人家庭……。每一个政党的阶级属性也都在不断的变化中，例如，中国共产党开始一无钱二无权是个无产阶级政党，当今既有钱又有权还是无产阶级政党吗？

正因为马克思主义阶级和阶级斗争的学说，把一个人、一个家庭、一个政党的阶级属性视为一成不变，所以他才提出"全世界无产者联合起来"。他认为：无产者就一成不变的永远是无产者；无产阶级革命家就一成不变的永远是无产阶级革命家；无产阶级政党就一成不变的永远是无产阶级政党。他错了，因为事物都在变，早都彻底的变了。如果他知道一个人的阶级性，一个党的阶级性都在不断的变化中，他就不会预先就认定什么阶级好，又什么阶级坏。

三、为什么说马克思主义关于阶级和阶级斗争的学说最根本的错误是把阶级分为好与坏？

因为阶级和阶级斗争最重要的客观规律则是："阶级没有好坏之分"。道理很简单，因为任何一个阶级都有好人，同时也都有坏人，所以阶级没有好坏之分，马克思主义关于阶级和阶级斗争的学说最根本的错误就在于把阶级分成好与坏。

马克思主义认定无产阶级是最好的阶级，资产阶级是最坏的阶级。所以提出要全世界的无产者联合起来，从而消灭资产阶级，实现共产主义。这显然是谬论，难道无产阶级中就没有坏人？难道资产阶级中就没有好人？如果真的把世界上的资产阶级都消灭了，那么资产和财富又从哪里来？那么掌握了资产和财富的无产阶级还能叫无产阶级吗？所以马克思主义的阶级和阶级斗争学说把阶级分为好坏显然是根本错误的。它严重违反了阶级和阶级斗争的客观规律。

把阶级划分为好与坏，既能使阶级产生混淆，又使得阶级斗争永远消灭不了。

为什么说把阶级划分为好与坏，能使阶级产生混淆呢？过去把一个个大地主、大资本家、大文人都说成"无产阶级革命家"，这种荒唐事之所以会产生，就在于马克思主义认定无产阶级是个好阶级，所以才把参加革命的地主、资本家等说成是无产阶级。如果都说"无产阶级是个好阶级，资产阶级是个坏阶级"，那么，谁都会说自己是无产阶级而不是资产阶级。过去邓小平讲"知识分子是工人阶级的一部分"。为什么会有此谬论，也就在于马克思主义把阶级分好坏而造成，他们所指的工人阶级就是无产阶级，无产阶级也是工人阶级。如果按照邓小平的这种逻辑，地主、资本家都可以说是工人阶级的一部分。过去一个个人都发了大财，做了大官，还说他是工人阶级。其实他连一天工也没做，怎么能是工人阶级呢？这也在于马克思主义定工人阶级是好阶级所致。

为什么说把阶级划分为好坏，会使阶级斗争永远消灭不了呢？因为无论你定何阶级为好阶级，又定何阶级为坏阶级，好阶级与坏阶级必相矛盾和斗争，而这种以阶级的名义出现的社会性斗争，就叫阶级斗争。所以说，如果按照马克思主义的阶级和阶级斗争学说，阶级斗争就永远消灭不了。

阶级和种族一样无好坏之分，我们绝不能说"白种人好，黑种人坏"，或者"黑种人好，白种人坏"等。如果把种族分成好坏，那么种族歧视就永远消灭不了。

阶级可以分大小、分多少，甚至于分先后，唯独不可分好坏。例如：工人阶级要大于学生阶级，这个大于既可以指年龄又可以指人数；被统治阶级要多于统治阶级；地主阶级要先于"资产阶级"等。也许有人会说把所有的好人划分为"好人阶级"，把所有的坏人划分为"坏人阶级"，这样阶级不就有好坏之分吗？遗憾的是，因为根本没有"好人阶级"、"坏人阶级"之说，所以阶级仍然没有好坏之分。

四、怎样实现消灭阶级斗争？

人类只能采取"不断缩小阶级差距和差别"，来实现消灭阶级斗争的目的。既不能以"抓阶级斗争为纲"的办法，去消灭阶级斗争；也不能以"混淆、抹煞和否认阶级斗争的客观存在"，去消灭阶级斗争。这一左一右的两种做法都只能使阶级斗争更加激化更加严重。

细想一下，美国消灭种族歧视就是通过修改法律，不断缩小种族差距而实现的。例如，黑人、白人可以在一个学校上学；黑人、白人乘车不准白人坐前面，黑人坐后面；黑人、白人可以自由通婚等。试问：如果美国成天以种族的名义出现大搞种族斗争，或者是采用抹煞和否认美国有种族歧视的客观存在，能实现消灭种族歧视吗？

当今的世界阶级斗争是客观存在的。我们绝不能否认，因为不能因为否认，而阶级斗争就不存在了。但我们也不能以阶级斗争为纲人为的成天搞纲举目张，因为这样也只能使阶级斗争更激烈。唯一的办法就是要不断的制定政策，去努力消灭阶级差距和差别。

例如，①制定缴税政策，努力缩小穷富差距。美国工资越低，缴税比例越低；工资越高，缴税比例越高。

②制定政策合理分配财富，并限定最低工资和最高工资，而且不断缩小工资差距。

③征遗产税。资产越多，遗产税的比例也越高。

④限制个人权利。提干、招工、征兵、招生、工程承包、签证……凡与利益相关的东西，尽量做到不由个人决定。

⑤努力推行"只办事勿知人"的办事程序和制度。也就是事办了，但不知是谁经办的。例如，美国办移民、办驾照等好多大事，都是网络填表，审批人与当事人根本不见面或者见面也是随机安排。

⑥努力实行干部"民选制"。一定要是真正的民选，而不是黑箱运作。即自愿报名→抽签确定候选人→选民投票选举。

第十章：用基因哲学认识和重新设定人类的未来社会

我们要认识和设计人类的未来社会，首先就得总结人类的共产主义运动为什么会失败？

人类的共产主义运动历时一百多年，它是由西方人提出来的，最早是"空想共产主义"。到了马克思的时候，马克思和恩格斯把共产主义具体的加以理论化，紧随产生巴黎公社。第一次世界大战后，列宁、斯大林用马克思主义的共产主义理论建立了第一个社会主义国家。第二次世界大战后，世界上出现了十三个社会主义国家：苏联、中国、朝鲜、越南、蒙古、波兰、罗马尼亚、保加利亚、阿尔巴尼亚、捷克斯洛伐克、德意志、匈牙利、古巴。其间世界上有一百多个国家相继都成立了共产党、工人党、劳动党。相信马克思主义的人占人类达一半左右。

然而好景不长，自斯大林死后，社会主义阵营开始分裂。前后只用了三十年，原有的共产国家政权都纷纷倒台，苏联解体，现存的中国、朝鲜、古巴、越南等名义上是社会主义国家，其实都背叛了马克思主义。各国共产党、工人党、劳动党有的纷纷解散，有的维持艰难。时至今日，不得不承认人类的共产主义运动是彻底失败了。

那么，共产主义运动失败的原因到底是什么？

基因哲学本着看问题本质之本质的原则总结得出主要原因是：

其一，马克思主义关于共产主义的理论本身有问题。有的是模糊的，有的是错误的。例如，共产主义的概念就是一个模糊不清的东西。马克思著作中称："共产主义是关于无产阶级解放的条件的学说。"毛泽东曾指出："共产主义是无产阶级的整个思想体系，同时又是一种新的社会制度。"很简单的道理：人类社会无产阶级总只占一部分人，甚至是少数派，把人类的未来社会定义为"无产阶级解放的条件"，"无产阶级的整个思想体系"这显然是错误的。还是毛泽东一半定义对了，是"一种新的社会制度"。

又例如：如何实现共产主义？马克思主义的理论又是错误的。它主张："全世界无产者联合起来，用暴力革命，把旧社会打个落花流水。"很简单的道理：暴力革命牺牲大，对社会生产力破坏大。又"全世界无产者联合起来"，那么，广大的非无产者怎么办？

还例如：无产阶级夺取政权后该怎么办？马克思主义认为，该"建立无产阶级专政"实现"一党专制"。很简单的道理：事物都是变化的，无产阶级掌握国家政权，古代早有之，中国的朱元璋就是无产者。马克思根本没能想到：一党专制的这个党，时间一长必然变成资产阶级的党。

其二，是社会主义的政治制度不民主，没有任何吸引人的地方，腐朽性越来越暴露。例如，社会主义国家的"领袖终身制""干部终身制""干部任命制""干部钦定制""隔代钦定制""世袭制""黑箱运作制"等。

其三，是社会主义制度发展生产力远落后于资本主义。东德、西德、南朝鲜、北朝鲜；中国与台湾是最鲜明的对比。社会主义的分配原则是"各尽所能，按劳分配，多劳多得"。其结果根本没做到，既不是各尽所能，又不是按劳分配，而是吃大锅饭，干好干坏一个样。

有以上三条，你说共产主义能成功吗？首先理论上是错的，其次政治上不吸引人，经济上不如人这样的社会注定失败。如果理论上是正确的，那么，不怕失败，不妨人类再实验一次。现在共产主义社会是永远无希望了。但是共产主义的失败，决不能等于人类社会就不再发展了，也决不等于人类社会就不再要高级社会了。

那么，人类社会能否永远就保持资本主义社会制度吗？不能。绝对不能！千万不能！为什么？

其一，资本主义社会已经犯了死罪，只是人民当今还没有掌控审判它的权力，所以至今逍遥法外。这个死罪不是别的，就是上个世纪人类发生的两次世界大战。有人类社会几千年，唯独在资本主义时期，人类发生过两次世界大战。这就像一个人一样：再好的人一旦犯了死罪，总有一天要受到惩罚。谁也不敢说："人类的两次世界大战是封建社会干的；或者说人类的两次世界大战是社会主义干的，是共产主义干的。"因为两次世界大战时，社会主义、共产主义还没出生。更难预测的是：谁也不敢保证资本主义社会，人类就再也不会发生第三次世界大战。当今的世界各国埋头大搞军备竞赛、武器越来越厉害，军费开支是不断增加，如果发生第三次世界大战那将是人类的毁灭。两次世界大战已经证明：资本主义就是战争的源头。只要资本主义社会存在，人类就不可能消灭战争。

其二，资本主义社会尽管较快的发展生产力，但是整个社会太不公平、太不平衡、太不合理。我们不说是十恶俱全，但至少资本主义社会确实不是人类最理想的社会，不是人类最美好的社会。有这两条就够了。

既然共产主义已彻底失败，资本主义又该消灭，那么人类到底未来理想的高级社会应是什么？

基因哲学应用抓本质之本质的方法研究得出：人类的未来理想高级社会应是一民权社会。

什么叫民权社会？简言之，就是彻底消灭党权，真正让人民自己掌握行政大权的社会叫民权社会。所谓行政大权，包括上至国家政权、军权，下至各级政府的地方政权，乃至村权、厂权、店权、校权、等。

"民权社会"的产生：是应用基因哲学，在总结共产主义失败的基础之上，受到孙中山的"三民主义"和毛泽东的"灭党论"的启发，从而提出来的。它是中国人的发明，它是孙中山的"三民主义"和毛泽东《灭党论》的结晶。

为什么人类的未来理想高级社会不取名"民主社会"？

因为实践证明民主社会是一个最虚假最无用的东西。当今哪有一个国家不标榜自己不是民主社会？所谓"民主"无外乎两层含义：其一，是能让人民讲话，讲话又有何用？最后还是党权决定一切。其二，是能让人民当家作主，人民作无权之主有何用？谁让人民当家作主？是党。党又是何物？原来党与人民是两回事，如果人民是主人，那么党就是至尊无上掌握政权的客人，宾客之上似乎天经地义，主人服侍、尊重、孝敬客人也似乎天经地义。难怪任何一个党从来没有把自己视为人民群众的一部分，它们总是把自己的位置摆在人民群众之外。他们口口声声讲："党要与人民保持血肉联系"，这都是假的，血就是血，肉就是肉，这是两码事。如果党是人民的一部分，就不存在保持联系的问题。党常把自己比作鱼，把人民群众比作水，难道鱼是水的一部分吗？鱼就是鱼，水就是水。为什么党不把人民比作海，把自己比作海水中的一碗？常言道："宁做百日客，不作一日主。"何况当今的社会有近两百余年是家不离宾、党宾至上，人民这个主确实难当啊！这个无权之主当的真窝囊！

资本主义社会和社会主义社会是大同小异，没有本质的区别。为什么这样讲？因为它们都是党权社会这是共同点，所不同的只是多党轮政和一党专制。正因为如此所以其二者很容易相互演变、相互混淆。无论资本主义还是社会主义"人民做主"都是假的，或者说人民都是无权之主。资本主义由政党推荐的候选人，让人民投一张票完全是走过场，多少年来政权还是被那一两个党所轮控。社会主义更是直接由党钦定国家元首，或者由党直接空降党委书记。试问：这种党权社会即使再民主又怎么能作人类的未来理想高级社会呢？

"民权社会"与"共产主义社会"有什么区别？

"民权社会"与"共产主义社会"有本质的区别。最根本的区别是：民权社会是以"权"为核心，标准是"民权"；共产主义社会是以"产"为核心，标准是"共产"。可以说，在核心问题上，共产主义与资本主义是同类货色，"产"就是

"资"，"资"就是产，二者完全是同类货色。所以说：一百多年以前，包括马克思在内的西方人在设计共产主义社会时，根本没能摆脱"资产"的束缚，仍然是围绕"资产"再打转。而民权社会是以"权"为核心，并且强调任何"党权"都无法取代"民权"，"权"与"产"显然是两码事，这就是民权社会与共产主义社会的本质区别。

马克思是共产主义的总设计师，他的书名就叫《资本论》，顾名思义，马克思仍然看中的是"资产"，一味在"资产"上做文章，一味在"资产"上纠缠，根本没能上升到"民权"的高度。什么"共产"？其实就是把你的产变成我的产，首先是把你的产变成大家的产让我来享受，然后是干脆变成我的产。这样的"共产主义社会"怎么能称得上是人类未来理想的高级社会呢？

按照马克思主义的理论，付出那么大的牺牲，好不容易在人类社会出现了十多个社会主义国家，"产"是"共"起来了，可仍然是党权社会，"共产"了又有何用？由于没有从根本上实现"民权"，所以掌权的共产党一开始就出现特殊享受。例如，中华人民共和国一成立就实行八级工资制，当年一个大学毕业生每月只能40多元的工资，可中央领导人的工资每月高达400多元，还配有个人厨师、医生、司机、警卫等。当年人民连自行车都买不起，可党的领导人能配有专车、专机、专列。这一切都被说成是"按需分配"。掌权的党就这样特殊享

受还不满足，后来他们打着改革的旗号，干脆把国有资产私有化，共产党的干部一个个都变成千万富翁、亿万富翁，老百姓由于手中无权，仍然受压迫和剥削。一想到这里，笔者自然联想起文革中出现的亦工亦农的干部制度，凭这一条文革就应该肯定。

"产"与"权"到底谁是第一位的？马克思主义一贯认为"经济基础决定上层建筑"，它从根本上忽视上层建筑对经济基础的指导作用，所以仍然长期保留"党权"。其实，应该说："权"是第一位的，"产"是第二位的。因为有了"权"自然就会有"产"，可有了"产"不一定就会有"权"。过去的地主、资本家一旦丧了权，于是所有的"产"都全部被没收了。又当今的共产党干部开始本来绝大多数都是"无产者""穷光蛋"没有产，但一旦有了权，也都自然发财了。有这些就足以证明："权"是第一位的，"产"的第二位的，所以人类的未来理想高级社会应该是"民权社会"，而不是"共产社会"。"共产"社会仍然属于人类低级社会中的一种社会。一想到这里，笔者自然联想起中国人民所搞的文化大革命中出现的"革命委员会"，当时一切权利归革命委员会，被称之为"一元化"领导。毛泽东曾说过："老、中、青三结合，革命委员会好。"遗憾的是这种不成熟的"革命委员会式的民权"好景不长，很快又被党权所取代了。所以，我们说：文革的最大失误，就是没能消灭党。

总之，一百多年前，包括马克思在内的一些西方人在设计共产主义时，仍然停留和纠缠在"资产"方面，未能上升到"民权"的高度看问题。他们一味的唯物而论，忽视了精神对物质的指导作用，忽视了上层建筑对经济基础的指导作用，他们成天强调的是"经济基础决定上层建筑"。其实，人类的社会在很大程度上，完全是上层建筑决定经济基础。唯物哲学不能抓住本质之本质，结果所设计的社会，没有"民权"作社会的保障，"产共了""共产了"结果又变成私有化，无产阶级政党掌权了，结果又变成资产阶级政党。

那么，"民权"如何才能保证？又用什么标准来检验民权社会？归纳起来讲：一是要消灭党权。用真正实现"党政分开"的办法，逐步达到消灭所有党的目的。二是要废弃宗教。用真正实现"政教分开"的办法，逐步达到消灭"神权"的目的。三是要广泛推广抽签制。用"抽签法"作为确定任何一个干部候选人的方法，这是"民权"的根本保障。从中央到地方各级领导干部的候选人都要用抽签的方法来确定，绝不能由任何政党或任何宗教组织推荐，甚至不能由任何政党或任何宗教组织参与。否则就不叫民权社会。

那么，民权社会到底靠什么人来实现？又怎样实现？

常言道："解铃还需系铃人"。因为民权社会是在资本主义和社会主义社会的基础上去实现，无论是资本主义的多党轮政，还是社会主义的一党专政，都是"党权"社会。所以，要实现民权社会还得靠一个英明的党，靠一批英明的领袖。也就是说能有一批英明的领袖所带领的一个英明的政党才是实现消灭所有党的希望。笔者非常明白：无论此书再怎么设计都没有用，即使媒体在怎么炒作也没有用，仅有的作用只能是起到宣传真理而也。要靠现实社会掌权的人能接受真理、应用真理才能改变党权的社会，才能实现民权社会。

如果这个英明的党已经掌握了国家政权，那太好了，就应该立即制定消灭所有政党的相关法律和政策。否则，它就不是一个英明的党。如果一个英明的党现在已经腐败了、糊涂了，不要紧，只要能在它掌权的时候能完成消灭所有党还权于民的历史使命，那么它就不愧为一个英明的党。目前，中国共产党的处境正是这种历史地位。想当初，不得不承认中国共产党是个受人民拥护英明的党，虽说当今已90高龄腐败得不像样子，完成消灭党的使命已为时过晚，但中国共产党手中必然还执掌着国家政权，果真能消灭党还权于民，也无愧为本来是个英明的党。一旦拖下去结果像东欧的共产党那样被人民赶下台，那就毁灭其原有的英明。

如果这个英明的党还是一个在野党，那么它有两种选择：一种情况是凭在野党的实力，影响执政党去完成消灭党实现民权社会；另一种情况就是通过竞选或者理性革命，首先夺取政权，然后立即制定消灭所有党的相关法律和政策，从而在最短的时间内，完成消灭所有党建立民权社会的历史使命。否则，这个党就根本不是一个英明的党。

消灭党既然解铃还需系铃人，所以，笔者的思想也是有矛盾的。一方面笔者想敬劝人们不要再成立新党了，没有入党的人不要再加入现有的政党了。党已经够多了，仅台湾就有154个党，全中国有一千多个，全世界至少一万多个党。另一方面，笔者又真希望中国能出一个英明的领袖，或者能出一批英明领袖，他们能成立一个"中国非党"。"中国非党"的党章必备三条：第一，除去"三种人"外，所谓"三种人"指一是各党的党人；二是各宗教的教徒；三是被剥夺政治权利刑期未满的犯人，其余所有的中国人都是"中国非党"的正式成员。也就是说"中国非党"从成立的那天起，就有十二亿正式成员。第二，"中国非党"的奋斗目标就是消灭所有党，实现民权社会。第三，"中国非党"各级组织的领导机构就是各级的人民政府。如果真能有这样的"中国非党"，那么这个党将是世界上最英明的党。在"中国非党"成立的当天，笔者将宣布退出中国共产党，成为"中国非党"的正式成员。在中国，一旦"中国非党"成立，就是民权社会诞生的标志。

过去马克思主义说共产主义不可能在一个国家或部分国家实现，只能在全世界同时实现。民权社会正好相反，也就是说，民权社会只能在一个个国家逐步实现，绝不可能全世界同时实现。而且最先能实现民权社会的国家还不一定是社会主义国家，或许正是资本主义国家去充当先锋。从各种因素综合起来看，目前世界上最先能实现民权社会的国家有两个：一个是中国，一个是美国。

为什么中国有可能最先实现民权社会？因为民权社会必然是中国人的发明，尽管中国的执政党早把"消灭所有党是共产党的历史使命"忘得一干二净，但是中国共产党内还有相当多的党人知道：消灭所有党确实是中国共产党的老祖宗毛泽东在中国共产党成立 28 周年时正式提出来的。

为什么美国有可能最先实现民权社会？因为美国本来就一直具有领先地位。美国才建国两百多年，能走在世界的前列。过去有不少人说"美国就是共产主义"，如果马克思在世的话，叫马克思亲自评定，也许他一定会定美国的共产水平最高。只要真是进步的东西，美国接受落实最快。例如美国能在短期内消灭种族歧视就是证明。

共产主义人类从开始设计到世界上社会主义国家正式诞生也只用了几十年的时间。何况"民权社会"比"共产主义社会"要高级和科学，何况"人民"比"无产者"实力要大得多，所以，相信人类的民权社会，一旦设定成功，是会很快实现的。

关于民权社会的其它问题，例如，所有制问题、社会财富分配问题、行政机构问题、军队问题、文化教育问题、医疗问题、社会福利问题、国际关系问题……只要有了民权，这些问题都不难解决。笔者既不想获取发明专利，更不是想争取诺贝尔发明奖，非要设计得那么完整不可。笔者只是重点从哲学的角度认识一下人类的未来社会，只是想起一个抛砖引玉的作用。人类绝不会因为共产主义的失败，就不再追求理想的高级社会了，欢迎更多的有识之士共同研究。笔者深信在不久的明天，人类未来的理想高级社会，一定会被准确的科学的设定成功。

第十一章：用基因哲学认识"谁是最伟大的中国人"

关于讨论"谁是最伟大的中国人？"，这个问题的提出并非笔者独出心裁。那么，到底为什么笔者要倡议中国应开展一场"谁是最伟大的中国人"的讨论和公投评选活动呢？

其一，首先是受到英国评选"谁是最伟大的英国人？"之启迪。众所周知英国是一个古老的王国，也是资本主义世界的创始国，还是联合国的常任理事国。2006 年，英国为了进一步统一全民的意志，曾公投评选"最伟大的英国人"，结果评选的是丘吉尔。

其二，中国的社会现实显得更有必要开展类似的活动。由于中国人多，人多自然复杂；更重要的是中国尚未统一，国家没能统一，说明一定存在根本的对立和矛盾；更特殊的是中国人在这方面的意志差距太远，最伟大的中国人在某些中国人的眼中却是最坏的人；而最坏的人在某些中国人的眼中却是最伟大的人。这就更有必要开展这样的活动，以便促进全民的意志统一。至少能做到以后某些人骂："最伟大的中国人"时，心里不是那么踏实，当他知道他骂的人正是人民公投评出的"最伟大的中国人"时，心中总会有点发慌，脸总会有点发黑。例如：近期有个叫茅于轼的经济学家，写了一篇文章，题目是："毛泽东的再认识"。其核心内容是说"毛泽东并非是中国人民的大救星；而是中国人民的大灾星"。理由是："毛泽东的错误使中国死了五千万人"。但是茅于轼也承认"那时候，不但像我这样的大学生赞成毛泽东的思想，连大学教授，在美国留学的博士，没有不赞成共产党和毛泽东的。所以很多人回国参加祖国建设。"——能承认这点就够了！因为这就是历史。当今有些人就像邓小平一样：以为自己就可以改写历史，这是自不量力。你个人背叛祖宗决不能代表人民都背叛祖宗；你有你的发言权，但你无权剥夺你的前人你的父母之发言权。这也正是笔者倡议开展讨论和评选"最伟大的中国人"之用心所在。

以上两点，就是开展这一活动的必要性。可以说开展讨论和评选"谁是最伟大的中国人"活动，比 1978 年开展什么"真理标准大讨论"还要有意义得多。

什么叫"最伟大的中国人"？其含义有三点：首先要是"中国人"；其次指"伟大"而不是"正确"或其它；另外"最"的含意指只能是一个人。

根据历史规律，古人是不及现代人和近代人的，故以辛亥革命为界，对 100 年前的中国古人从简。

初步估计，评选能入围的可能主要四个人：孙中山、蒋介石、毛泽东、邓小平。因为孙中山曾被有的中国人称之为"国父"；蒋介石在二战时曾是世界四巨头之一（所谓"四巨头"指罗斯福、丘吉尔、斯大林、蒋介石）；毛泽东是中国乃至世界公认的革命导师；邓小平是改革的总设计师。

笔者应用基因哲学认定：毛泽东是最伟大的中国人。

为什么毛泽东是最伟大的中国人？毛泽东不是暴君，而是伟大的人民革命运动的领袖和导师；毛泽东不是武人，而是一个大文人大诗人；毛泽东不是庸人，而是一个伟大的政治家、军事家、思想家、哲学家、教育家。

毛泽东虽然算不上经济学家，但是他治国期间有许多重大的经济决策非常英明。例如，抓农业能紧抓"水利是农业的命脉"；抓整体国民经济，上个世纪五、六十年代，毛泽东坚决反对苏联赫鲁晓夫提出的"社会主义大家庭经济方针"，什么"国际分工化"、"经济一体化"。进而提出"独立自主、自力更生、发愤图强、勤俭建国"的建设方针。正是这一方针才保证了中国民族工业的发展和各个领域科学技术的发展。否则中国根本不可能有"两弹一星"，只能国际分工当一个"农业大专业户"。外蒙正是听从苏联指挥棒转，被国际分工作"畜牧业专业户"，所以至苏联解体时，外蒙的经济连印真理报的纸张及许多生活日用品都制造不出来而发生危机，更谈不上其它高科技项目。中国人口是外蒙人口的六百倍，如果那样，中国如今真惨了。

毛泽东在中国历史上立下六大奇功：

奇功一：1936 年西安事变，面临蒋介石十年剿共已经杀害毛泽东的五位亲人，毛泽东仍能以国家生死存亡利益为重，主张释放蒋，并拥蒋为"委员长"，服从蒋的领导，坚持八年抗战。同时也赢得共产党的发展。

奇功二：1945 年抗战胜利后，毛泽东能不顾个人安危亲赴重庆与蒋介石谈判，并签订"双十和平协定"。

奇功三：1946—1949 三年，面临蒋介石撕毁《双十和平协定》，发动全面内战，要一年内剿灭共产党。毛泽东充分发挥军事指挥才能，用"小米加步枪"打垮了蒋介石八百万美式装备的军队。特别是 1948 年面临斯大林高压中国划江而治，毛泽东能顶住压力英明决策"打过长江去，解放全中国"。否则，当今的中国就是"南中国"、"北中国"了。

奇功四：在台湾问题上，自 1950 年开始就制定和执行"以和平方式解放台湾"的方针。历时 21 年戏剧性的炮击金门，打得台湾岛内台独鸦雀无声。特别是历时 22 年的努力，终于 1971 年使中华人民共和国取得联合国合法席位，为最终台湾问题的解决奠定了政治基础、国际基础、法理基础。

奇功五：1966 年，面临走资本主义道路的当权派有意制造"社会主义饿死人好走资本主义道路"；"大跃进饿死人好让毛泽东党主席下台"。面临刘、邓存粮不开仓、封锁消息、饿死农民四千万的时代背景。毛泽东能发动文化大革命，打倒走资派，为饿死的农民申了冤。

奇功六：毛泽东一生的著作，为中华文化增添了新的血液。特别是他的哲学思想为人类认识世界提供了大量的宝贵方法，他的诗词令后人望尘莫及。

当然，有比较才有鉴别。下面就让我们将他们四人加以比较：

一、各自的突出功绩。孙中山的突出功绩是：打倒了皇帝。尽管中华民国有袁世凯重新称帝，但必然是短命的。蒋介石的突出功绩是：领导了抗日。尽管抗日战争蒋指挥的是那么的窝囊，但最终日本还是无条件的投降了。毛泽东的突出功绩是：使中国人民站起来了。那么邓小平的突出功绩又是什么呢？笔者想起副总理陈永贵在"真理标准大讨论"时讲的一句话："这就是要让全国人民都糊涂起来，好让他们复辟。把全国人民搞糊涂了可是大事。"所以，邓小平的突出功绩是：使中国人都糊涂起来。

值得解释的是：为什么"使中国人都糊涂起来"还算邓小平之功绩呢？要知道，让人觉悟难，让人糊涂也难。自有名人讲到："知足常乐"。你看当今的中国人：有的腐败、有的堕落、有的想钱、有的想权、有的贪财、有的贪色、有的信神、有的信鬼、有的崇洋、有的媚外……管它政治不政治、管它政权不政权、管它"钦定制"还是"隔代钦定制"、管它国家元首姓江还是姓胡，只要能饱肚几园，就是小康之足矣！几十年先人的革命事业都全功尽弃，直至糊涂得把孔子重新搬出来坐镇天下，共产党变水货，这就是当代中国人的糊涂式幸福。这难道不是邓小平之功吗？

二、各自的致命短处。

孙中山的致命短处是：恒性不足。蒋介石的致命短处是：心胸狭窄。毛泽东的致命短处是：文过其实。邓小平的致命短处是：心狠手辣。

为什么说孙中山恒性不足？孙中山往往只善于放大炮，所以被国人广称为"孙大炮"。例如，辛亥革命成功后，推选孙中山为临时大总统，就在孙正式就职的第二天他主动将"总统职位"让给前清遗臣袁世凯，结果袁世凯又重新称帝。难道总统职位是可以由个人赠让的东西吗？又如，外蒙的独立使中国失去六分之一的疆土，孙中山是有一定责任的。外蒙1924年11月正式宣告成立"蒙古人民共和国"，孙中山只是放了一炮——发表了一个声明而根本没有出兵。所以，孙中山总起来看还算是一个昙花一现式的政治人物，1925年死时只有五十多岁。有人说这是孙中山娶侄女为妻上帝对他的惩罚，这当然是迷信。

为什么说蒋介石心胸狭窄？其一，孙中山已经制定了"联共、容共"的方针，可蒋介石完全背叛了孙中山，27—37十年和46—49三年死心塌地的剿共，结果反败于共产党。其二，汪精卫是孙中山最为相信的人，可蒋介石心胸狭窄、容不下汪，迫使汪精卫另立国民党中央。其三，蒋介石心胸狭窄，接班人非其子莫属，使中华民国终于演变成"蒋家王朝"。蒋经国本来已经在苏联加入中国共产党，当蒋介石剿共时，蒋经国在苏联又是发表演讲，又是在"真理报"上发表文章痛批其父："他先后三次叛变，一次又一次出卖了中国人民的利益，他是中国人民的仇敌。""人各有志"，可蒋介石非要把一个如此高境界的共产党人逼变不可。蒋介石请来私塾老师，对蒋经国从孔孟之道开始用功，终于达到子继父位的世袭目的。

蒋介石的一生，还是毛泽东总结的最恰如其分："蒋委员长的一生正像他的"蒋"姓一样——是个草头将军"。蒋介石虽然习武出身，一生剿杀，但却是个草包司令。例如，我们说蒋介石指挥抗日指挥得窝囊，以下三大失误就是铁证：

其一，蒋不该指挥张学良东北三省不战而失。这实质上是为日本人侵华提供了一个大后方，提供了一个根据地。

其二，蒋不该下令江陵沉舰自毁中国海军。上海沦陷后，蒋介石自认为"中国海军不敌日本一战，如果中国军舰落到日本人手中，反而会有助日本入侵中国"，于是下令在江陵共沉掉 43 艘军舰，其中有两艘军舰是刚从外国进口回来，也奉蒋之令开往江陵被沉于海底。当时沉舰的老兵 2006 年回忆讲："当时我们确实心疼，我们奉令打开军舰的底门，眼看一艘又一艘军舰就这样沉于海底，多么悲惨，多么痛心！"真是岂有此理！为什么不选择拼死一战？俗言道："一人拼命，十人难挡"。如果按照蒋介石的逻辑，有成千上万的中国人当小日人当汉奸了，那么是否要杀绝中国人？

其三，蒋介石指挥抗战长达八年，小日本军队侵占了大半个中国，可堂堂的中国军队连日本的寸土就没有攻打过。战争好比两个人打架一样：就是咬对方一口，抓对方一爪，也能使对方暂时缩手。如果只是对方打头就顾头，对方打胸就顾胸哪只有挨打。为什么美国就知道用原子弹去轰炸日本的本土，苏联也知道攻占日本北方四岛？二战的战胜国唯有蒋介石指挥的中国军队八年抗战一天也没打出国门。当年的中国军队总比阿富汗的塔利班武装要强大得多吧？拉登就能指挥塔利班炸毁美国的世贸大厦，造成美国自从 9.11 事件后开始崩溃。

为什么说毛泽东的致命短处是：文过其实？毛泽东搞"大跃进"什么赶超英美，谁知人民日报鼓吹亩产稻谷十三万斤；毛泽东搞文化大革命要口殊笔伐，谁知红卫兵来刀殊枪伐；毛泽东启用邓小平想让邓小平主持中央会议给文化大革命做个评价，谁知邓小平另有图谋；……毛泽东的所有失误都与文人浪漫、天真、异想天开有关，所以叫文过其实。

为什么邓小平的致命短处是心狠手辣？邓小平当中国每天饿死 30 万人以上持续几个月的时间，他坐镇北京，封锁消息，存粮不开仓，见死不救，你说这是不是心狠手辣？邓小平当天安门广场数万名大学生静坐绝食饿得要死，仅只是要求与政府对话，可邓小平却下令调动几十万野战部队去镇压，你说这是不是心狠手辣？邓小平反遍中共最高领袖，名副其实的"一个不漏"，特别是打倒他复出的最大恩人华国锋，整得忠实信徒胡耀邦痛哭流涕而下台，软禁另一忠实信徒赵紫阳十多年，你说这是不是心狠手辣？邓小平一直坚持要把毛泽东四十年的夫人江青杀头，江青能判死缓，一是多亏国际力量，二是多亏党内以陈云为首的人极力反对，陈云讲："如果要杀江青，请在党史中注明"陈云反对"。你说这是不是心狠手辣？有人说："政治人物就是要心狠手辣。"我们说，心狠手辣一要看对象，二要看性质。

我们要比较人，最好是能找出这些人同在一个历史舞台上的表演。1924—1925 两年孙中山在世时，就是此四人同处的历史大舞台。想当年孙中山尊为国共合作的最高领袖；蒋介石任黄埔军校校长已开始执掌军权；毛泽东 31 岁被当选国民党第一届中央候补执行委员，并代理国民党中央宣传部长；邓小平 1925 年还在法国留学，1927 年邓小平还在军阀冯玉祥部下任一无名小卒。

最后，我们要讨论的问题可以说是：资格审查。

开始我们就讲过，评选"最伟大的中国人"首先必须是完全彻底的中国人。经审查在这入围的四个人中，只有唯一的毛泽东是一个完全彻底的中国人。其余三人都算不上完全彻底。孙中山本人是一个拥有美国国籍的人，其子孙更大多数是美国公民；蒋介石的夫人宋美龄是美国公民，其子孙也有部分是美国公民；邓小平的孙子是在美国出生的地地道道的美国公民。虽然我们不能以此就否认这些人的参评资格，但也不可否认他们不是完全彻底的中国人的事实。其它情况国人早有所知，下面专门介绍一下孙中山拥有美国国籍的相关情况。

这是美国在台协会为了庆祝辛亥革命一百周年，决定筹办一场《孙中山与美国特展》，在准备筹办时却意外在美国移民局旧金山档案室发现了孙中山的有关移民资料共 158 页。其中包括出生证，护照复印件，出生见证人的签字，每次出入境的记录以及相关电报与信函。更重要的是发现了 1904 年美国政府发给孙中山的美国公民批准文件。后经国民党党史馆主任邵明煌证实，孙中山确有美国公民身份，而且还是造假取得的。这个世界确实是真假交融矣！据悉，孙中山实际是于 1866 年 11 月 20 日出生在广东香山（今为中山市）翠亨村。孙中山 13 岁随母首次抵达夏威夷，投奔在夏威夷从商的大哥孙眉。孙中山先后进入意奥拉尼和普那荷学校读书，其中普那荷中学就是现任美国总统奥巴马就读中学的学校，也就是说孙中山与奥巴马还是校友。孙中山一生先后六次赴夏威夷，并于 1894 年 11 月 24 日在夏威夷成立了兴中会，这就是国民党的前身。后来孙中山先后又旅住英国、日本等国。然而，孙中山的移民资料上是填写的 1870 年 11 月 24 日出生于夏威夷的茂宜岛，孙中山四岁时举家迁至中国，十年后再返夏威夷。总之，孙中山有美国政府批准入籍的文件，又履行了宣誓，这就足够是一名美国公民。详情请见《世界日报》、《星岛日报》2011 年 6 月 6 日—6 月 14 日的连续报道。此事也引起台湾民众及海外华人的一片惊讶！中国大陆因没有新闻自由，知道的人不多，就是知道了，大陆当今不讲政治，也不会怎么关心。但不管怎么讲，一个才两百多年历史的美国的一个公民，后来成了具有五千年历史的中国之"国父"，岂不是荒唐至极！至于孙中山为什么要成为美国公民？以及又怎样成的美国公民？为革命也好，为其它也好，这些问题则是另一回事，重要的是：孙中山是美国公民。我们并不是说孙中山是美国公民就没有参选"最伟大中国人"之资格，只是说他不是一个完全彻底的中国人。

我们为什么说毛泽东是最伟大的中国人？毛泽东自己总结他自己，说他一生只做了两件事：一是建立了中华人民共和国，二是发动了文化大革命。当今中国的统治者的观点是：毛泽东建国有功；文革有罪。可基因哲学不这样认为。基因哲学认为：随着中国共产党的日益腐败，随着中国资本主义的全面复辟，随着中国的国家分裂越来越严重，建立中华人民共和国越来越显得没有多大意义。反而中国的文化大革命其深远的历史意义越来越显示出来了。

为什么说建立中华人民共和国的意义越来越显得暗淡？没有共产党，国民党也许还腐败得好一点，台湾的经济发展不是比大陆还快一点吗？中华民国的国土，下三代连一寸失地也没有收复，反而造成台湾事实独立。中华民国成立比印度独立还要早三十多年，中国现在的发展能超印度 30 年吗？超五年就还带点吹牛。中国的政治民主水平能说比印度、比台湾强吗？

为什么说文化大革命的深远意义越来越显示出来？可以说人类社会几千年，古今中外的统治者只有唯一的一个毛泽东发动人民造共产党自己的反。亦工亦农的干部制度，"革命委员会好"，人民觉悟高……文革时的东西越来越令人留恋。

有人说毛泽东只统治中国 27 年，他死后一个月不足中国就发生了政变。邓式王朝至今已 35 年了，邓小平能钦定几代的国家元首和中共党首，当今毛泽东思想已经被共产党完全抛弃，可邓理论和三个代表仍然是共产党的指导思想。所以还是邓小平最伟大。基因哲学认为：把邓小平说的越是伟大，可他在毛泽东面前是想叫他上就上，想叫他下就下，三次检讨"永不翻案"这些历史永远不可抹煞。这只能证明毛泽东更伟大。邓小平能钦定几代的国家元首和中共党首并不能证明邓小平伟大，只能证明那些被钦定的人平庸无能。

当然，笔者有自知之明，苏老又算老几？谁是最伟大的中国人还得由全体人民讨论和公投才能算数。故笔者仅借此书特在此倡议：中国能向英国学习，举行一次全民公投，评选"最伟大的中国人"。希望统治者能解放思想，如果连评选"谁是最伟大的中国人"这样的公投中国就不准开展，那么，人民公投选举国家领导人就更是白日做梦。笔者非常明白：中国当今是邓式王朝的天下，正是把邓小平吹得最响的时候，同时也是把毛泽东打压得最凶的时候。但笔者仍然倡议公投，因为笔者相信中国人民心中自有一本账。即使公投的不是毛泽东，无论公投的是谁，只要是公投评选的，笔者就心服。

第十二章：人类要重视和加强哲学的研究

　　自有人类社会几千年以来，特别近半个世纪是人类历史上生产力发展最快最辉煌的时期，这是值得肯定的。特别值得感谢的是人类的那些自然科学家们。但是必须指出问题所在，那就是人类的哲学科学研究与发展太慢，与生产力的发展严重不相适应。这与搞社会科学的人有关，更与人类的政治家们有关。哲学是社会科学的一部分，科学是不分国界的。

　　认真研究人类社会可得：如果看自然科学的发展可以结论人是一代比一代聪明；如果看社会科学特别是哲学科学则可以结论人是一代比一代愚蠢。

　　一百年以前读书根本没有数理化可学，只能学识字写文章以及算数记账等。可如今比神还神，地球人能与太空人面对面通话，煤能变成油或气发动汽车，海水能电解变成燃料，利用离子聚变的人造太阳即将问世。

　　本来人类哲学基础不错，古书三国、水浒、西游记、红楼梦后人望尘莫及，孔孟之道有条有理。然而近世哲学确一塌糊涂，近三十年来搞出："人权高于主权"，"反恐必须战争"；"实践是什么检验真理的唯一标准"；"一国两制是什么统一国家基本方针"；"腐败的中国共产党始终是什么三个代表"；"在腐败社会的基础上什么构建和谐社会"；"一个分裂的国家什么大谈科学发展观"……这叫什么东西？这是什么哲学和逻辑？两千年以前的臭文人创作的神话故事耶稣，被当代人视为圣经。更有成万上亿的人相信"地球上的人都是宇宙掉下来的垃圾"。世界出现以神文化反恐，越反越恐，以党文化反邪，越反越邪的现象。人类的政治家们在自然科学家面前难道不觉得羞耻吗？当今的社会自然科学发展得这么快，可人类对社会性事物的认识又是那么的糊涂，主要就是对哲学的研究太欠缺了。各种研究都大有人在，连性爱的研究都越来越热，可哲学研究几乎打入了冷宫。人类生活的宇宙和世界，确实有很多的自然规律未被人类发展和掌握，对未发现的自然规律既不要用神决定去解释，也不要用其它带勉强性的东西去解释，未发现就是不知道，不知道就继续研究。

　　《基因哲学》研究的目的：正是为了唤醒世人，以解决人类的意识形态与自然科学发展背道而驰的问题。《基因哲学》研究的重点：是人生哲学与人类发展方向问题；是人看问题的正确方法。

哲学既不是政治，也不是理论，更不是法律。政治是治人的东西，理论是看问题的结论，法律是惩罚人的东西。而哲学是教人的东西，是教人如何看问题的方法之学问。虽然社会科学包括哲学，但社会科学无法取代哲学。哲学必然是一门独立的科学。现在已有社会科学院，但尚没有哲学科学院。

什么叫哲学？

"哲学"的字典解释为："①有智慧：哲人。「哲学」社会意识形态之一，它研究自然界、社会和思维的普遍的规律，是关于自然知识和社会知识的概括和总结，是关于世界观的理论。②聪明智慧的人：先哲。"

所以，哲学是关于世界观的学问，哲学是人对自然界和人类社会的总的认识。

因此，人类社会靠政治、经济、军事、法律是无法彻底拯救的。最终还要靠科学与哲学才能彻底拯救人类社会。

当今的人类，有的信神，有的信党，有的信邪。当今的人类，哲学家都是兼职的，专门的哲学书更少，除了毛泽东的《实践论》、《矛盾论》，还能数几篇？当今的人类，出现一种怪现象，那就是各政要人物出于各自的政权需要，高谈阔论的政治理论不少，却很少有专门研究哲学的论坛。当今的人类，社科院、教堂、党校、法轮功修炼班遍地都有，然而找不到一个哲学研究专班。当今的人类，哲学研究与发展好像"野草"一样，无人施肥与锄草。这些都足以证明人类重视哲学研究不够。这也是苏老从事哲学研究的原因。

哲学科学是关系到人类的人生观、世界观、宇宙观的大问题，是关系到人类认识客观世界与主观世界正确与否的大问题，也是关系到人类社会发展与进步的大问题，也是关系到人类的战争与和平的大问题。

还必须指出的是：当今的人类，对人权的研究有些过分。"人权"二字近几十年才被人提出来，已经使人权研究沦为人类阶级斗争的工具，甚至成为发动战争的借口。过分的人权研究只能把人引向争权夺利的境界。只有重视和加强哲学科学研究才可以把人引向追求科学追求学问的境界。联合国人权组织该管的人权问题好多没过问，而有些不该管的又管的太多。例如：1959 年冬天中国饿死四千万农民，是把粮食储备饿死的人，粮食堆满仓，仓旁饿死人。每天中国饿死 30 万农民以上，相当于二战时美国在日本使用两颗原子弹炸死人总数的两倍，为什么至今人权组织无任何人追究？这是联合国成立 11 年之后世界上发生的事件，联合国人权组织完全有责任追究。联合国人权委员会于 1948 年成立，并于同年发表"联合国人权宣言"。中国饿死四千万人，是联合国成立人权组织并发表人权宣言十一年之后的事。

"明人不做暗事"。苏老郑重声明：如果至 2018 年还无人追究，苏老将代表四千万死者家属到国际法庭去控告联合国人权组织的负责人。一告渎职罪，二告包庇罪。主要包庇刘少奇、邓小平、蒋介石三罪人。为什么中国饿死人蒋介石也有罪？因为根据"一个中国"原则，1959 年刘少奇是中国事实国家元首，蒋介石是联合国当时正式承认的中国国家元首。他们一个叫嚣"反攻大陆"，一个叫嚣"储粮战备"，一唱一和所以中国才饿死四千万人。为什么不告毛周朱？因为其一毛周朱后来开仓赈灾有功，其二他们反复检讨过，其三他们不是一线领导的负责人，其四他们文革时打倒刘邓陶王有功。

如果 2018 年人间仍然战争不停，苏老将代表全人类到神父那里去状告耶和华。耶和华就是众所周知的上帝。苏老有白纸黑字的报纸证明美国总统布什承认攻打阿富汗和伊拉克都是上帝旨意他干的。因为耶和华是神，神是无视人间一切法律的，所以只能找"神的父亲"告他。为什么不告布什？因为布什只是耶稣之子耶和华之孙，他是按耶和华的旨意发动的战争，"大人不计小儿过"，耶和华是人类战争的主犯。耶和华旨意布什发动战争是小事，其主要罪恶是旨意人类战犯发动两次世界大战。其最直接杀人是耶和华惨无人道一夜之间尽然把埃及人所有的长子全部杀绝，此罪恶《圣经》"出埃及记"中有详细记载。耶和华是人类的总战争杀人犯。如果神父不管，那就只有班导师毛泽东出山搞人类文化大革命。

粮食存着饿死人，发动战争靠上帝，这正是一个哲学问题。这是一种最阴险同时也是一种最愚蠢的哲学。《基因哲学》认为：人命大于还债，人命大于战备，人命大于上帝，人命大于天。

什么叫"人权"？人的权力叫人权。

什么叫"民权"？人民的政权叫民权。

什么是"人权"与"民权"的主要基因区别？其一，人权属权力，民权属政权。人权与政权是间接关系，民权与政权是直接关系。其二，人权是个体性质，民权是整体性质。其三，人权是狭隘的，民权是褒义的。因为好人、坏人都是人，对坏人的人权维护就是对好人的人权损害。而人民无好人民、坏人民之说。没有民权就没有真正的人权。

时至今日，人类社会发展的方向问题，到底是在资本主义的基础上踏步不前，还是重新设定未来理想的高级社会？说到底也是一个哲学问题。

人类理想共产主义社会已经二百余年了，至今连共产主义的定义还是乱七八糟。马克思说共产主义是一种"学说"；毛泽东说共产主义是一种"思想体系"：孙中山说共产主义是个"好朋友"。毛泽东补充说明时才提到共产主义"又是一种新的社会制度"。原著为：马克思说："什么叫共产主义？答：共产主义是关于无产阶级解放的条件的学说。"毛泽东说："共产主义是无产阶级的整个思想体系，同时又是一种新的社会制度。"孙中山说："共产主义是三民主义的好朋友"。至少共产主义应是全人类的一种社会制度，而绝不是无产阶级的私有。共产主义除了定义错误之外还有其它许多问题，例如社会体制、经济模式、实现的方法、分配制度、劳动、居住、文化、教育、就医、治安、家庭、体育、娱乐……这一切问题前人设计的都不科学不正确，所以既已失败，就必须废弃后重新设定。这些问题说到底还是一个哲学问题。

其实，资本主义社会不但是人类唯一发动过两次世界大战的社会，而且也是一个最不合理的社会。只是人类长期习惯了麻木了。例如：在商品经济社会里，一个歌星一次的出场费能相当于一个农民十年的收入；一个公务员退休不干事能相当于十个工人做工的工资；发达国家干一小时的工资能购买不发达国家的一百个工人一小时的产品；研制卫星的不如走私的；写书的人不如盗版的人；会干的不如会说的，会说的不如会送的；……为什么同样都是人，来到同一个世界，由于社会分工的不同，会使人间如此不合理？为什么富人山珍海味都吃够，穷人锅里无米煮？人类对既好战又不合理的社会难道可以不思发展吗？社会的发展与停止，正是典型的哲学问题。人类既然有了发达的科学技术，如果又能有一个消灭战争的合理社会该多么美好！

　　如果人类不重视和加强哲学科学的研究，自然科学发展越快，人类的武器就会越厉害，只会加快人类的毁灭。谁能保证上帝不旨意人类爆发核战争？所以人类必须重视和加强哲学科学的研究。苏老呼吁：从中学时期所有学校都要开设哲学课，县级以上的政府都要设立哲学研究机构，各个国家都要在哲学研究方面投入适当的资金，要逐年减少军费开支，要逐年增加哲学研究和学习的费用。联合国要成立一个《人类哲学委员会》，负责组织开展人类哲学的研究。人类要掀起一个人人学哲学，用哲学，研究哲学，发展哲学的热潮，并且持之以恒。只有重视和加强哲学科学的研究，人类的文化才能健康发展，人类的社会才能健康发展。

　　在哲学面前人人平等！人类要把依法治国与依哲理治国相结合！

　　当今人类法律多而杂，各国各地的法律形形色色，千奇百怪。许多合法的东西不合哲，而合哲的东西又不合法。哲是哲学原理的简称。法律是统治人的工具，而哲学是指导人的工具，"在哲学面前人人平等"是重规律，"在真理面前人人平等"是重理论。"以哲治国"是重指导人行，"以德治国"是重影响人行。"在哲学面前人人平等"水分小，"在法律面前人人平等"水分大。例如，同一个案子，两个法官判得天壤之别。

　　人类要讲人性，讲人权不如讲人性。人权是人性的真子集，做人的义务，人的德性，人的智能性，人的生理性，这些基因都包含于人性，而不包含于人权。而哲学又是人性的核心，哲学贯穿人性的各个领域。

　　总之，人类必须重视和加强哲学的学习和研究，唯心论→唯物论→基因哲学这是人类哲学发展的两大飞跃。什么时候人类社会的哲学研究组织，能多于宗教教会的时候，能多于各级各类党校的时候，人类的认识水平就会上升到一个崭新的阶段，就再也不会如此浑迷。

附篇：《醒世思变》乐章

第一节：《基因曲》一首

一、
我是一个小基因，
看不见来摸不着，
决定宇宙全靠我。
大事能提又能放，
小事能记又能忘，
快活逍遥乐陶陶。

二、
我是一个小基因，
看不见来摸不着，
我的立场变无穷，
我的方法新而优。
上帝全凭人定义，
政党腐败如粪土。

三、
我是一个小基因，
看不见来摸不着，
淡泊明志无大小，
宁静致远无远近。
今日子胥已东行，
明朝范蠡将归休。

第二节：《人文化颂歌》

（词对比，曲不变）
《党文化颂歌》
马屁王词

天大地大不如党的恩情大，
爹亲娘亲不如毛主席亲。
千好万好不如社会主义好，
河深海深不如阶级友爱深。
毛泽东思想是革命的宝，
谁要是反对它，
谁就是我们的敌人！

《人文化颂歌》
苏老词

天大地大不如人民力量大，
爹亲娘亲不如爷爷奶奶亲。
千好万好不如民权社会好，
河深海深不如夫妻友爱深。
"基因哲学"真是人生之宝，
谁要是研究它，
谁就是我们的朋友！

第三节：共和国国人歌

苏老词　聂耳曲

起来！不愿做愚昧的人们！
把我们的智慧筑成我们新的长城！
中华民族到了该觉醒的时候，
每个人被迫着发出最强的吼声。
起来！起来！起来！
我们万众一心，肩负人类的希望，前进！
肩负人类的希望，
前进！前进！前进！进！

（说明："国人歌"在"国歌"1935 年 4 月田汉词的基础上共修改六处合计 20 字）

第四节：二十一世纪《国际歌》

（中）苏老修改法国鲍狄埃词

（法）狄盖特曲

起来，勤劳勇敢的朋友！
起来，爱好和平的人！
二战的教训不可忘怀，
要防悲剧再重来。
旧世界必须改造重建，
朋友们起来，起来！
不要说我们听天由命，
我们要做天下的主人！
这是长期的使命，
团结起来，到永远。
人类"民权社会"就一定会实现！
从来就没有什么救世主，
也不靠神仙皇帝。
要创造人类的幸福，
全靠我们自己。
我们要多创物质财富，
让思想冲破牢笼。
是谁创造了人类世界？
是我们劳动群众。
一切归劳动者所有，
哪能容得寄生虫！
快把那蓝图绘制精确，
持之以恒才能成功！
最可恨那些牛鬼蛇神，
玩弄了我们的灵魂。
一旦把他们教育成人，
美好的人间亲如一家。

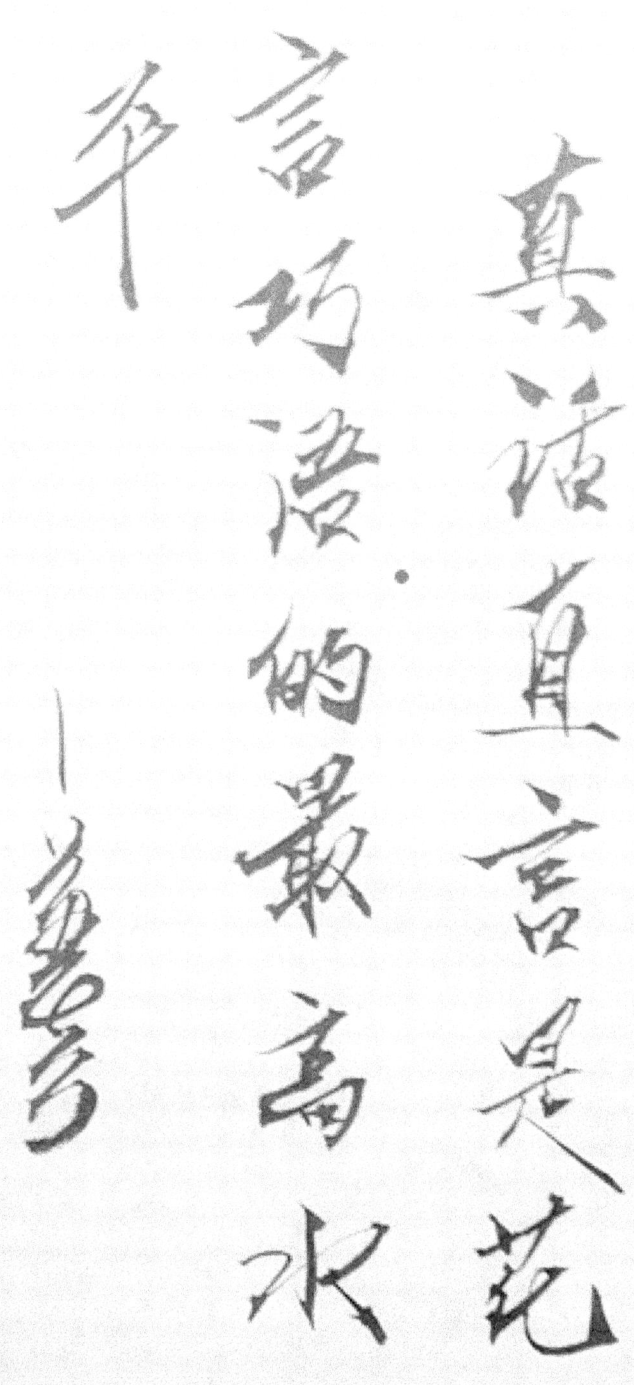
真话直言是花言巧语的最高水平
——

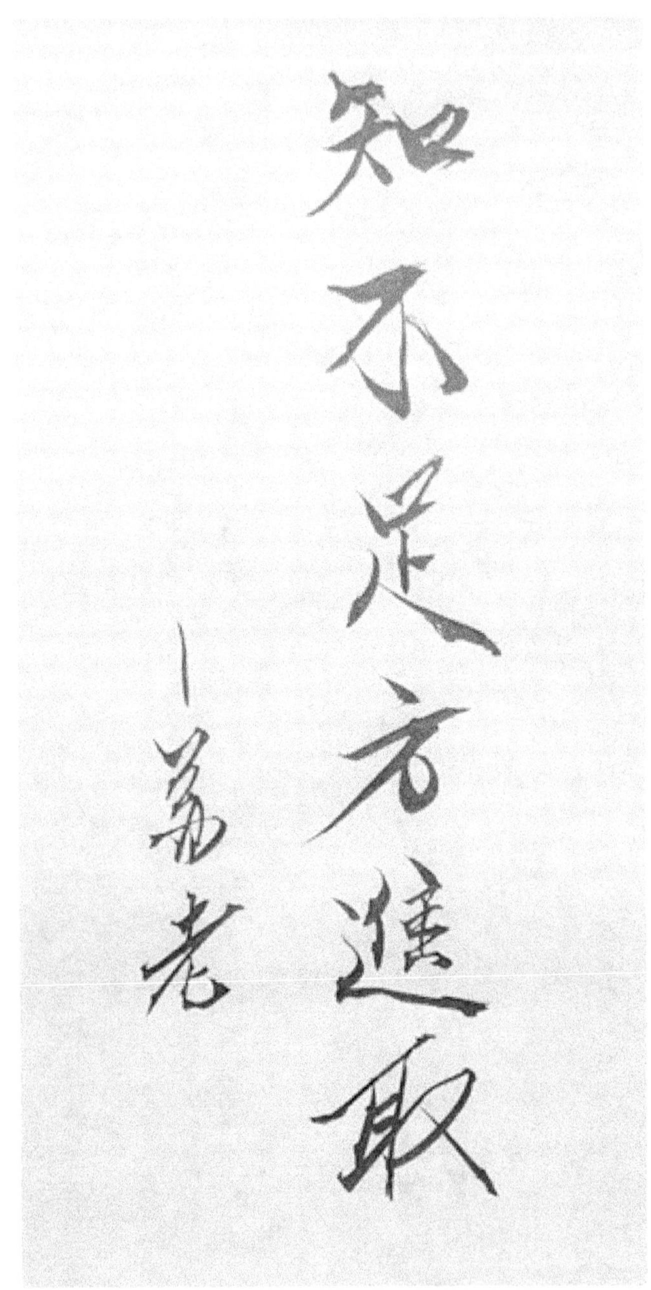

知不足方進取
—蕭老

作者简介

苏长贵笔名苏老，老知青华侨，1948 年出生于中国湖北。1966届高中毕业，1977级大专毕业生。教高中数学，历任随州市新街区高中书记兼校长，市级劳模。有五子十一孙，其中四子十孙留学并工作于美国。苏老 2002 年随子女定居美国，2004 年开始致力于哲学研究，苏老是人类基因哲学的创始人。

www.ingramcontent.com/pod-product-compliance
Lightning Source LLC
Chambersburg PA
CBHW071605030726
47593CB00001BA/329